労一・社一各法令の出題可能性が高い論点を厳選！

第２節　育児介護休業法

1　目的（法１条）

条文　改正

この法律は、育児休業及び介護休業に関する制度並びに子の看護等休暇及び介護休暇に関する制度を設けるとともに、子の養育及び家族の介護を容易にするため所定労働時間等に関し事業主が講ずべき措置を定めるほか、子の養育又は家族の介護を行う労働者等に対する支援措置を講ずること等により、子の養育又は家族の介護を行う労働者等の雇用の継続及び再就職の促進を図り、もってこれらの者の職業生活と家庭生活との両立に寄与することを通じて、これらの者の福祉の増進を図り、あわせて経済及び社会の発展に資することを目的とする。

用語チェック！

育児休業	労働者（日々雇用される者を除く）が、その子を養育するためにする休業をいう。
介護休業	労働者（日々雇用される者を除く）が、その要介護状態にある対象家族を介護するためにする休業をいう。

新設や改正された事項は頻出です。新設 改正 マークでチェックしていきましょう。

主なマーク

Outline　制度等のあらましを紹介しています。

ここをチェック！　項目ごとに押

○○ちょっとアドバイス！○○　条文理解の

用語チェック！　正確に覚えて

Advance　もう一歩踏み

一問一答で知識の定着度をチェック！

□□□ 01 令和６年労働力調査によれば、労働力人口は2024年平均で6,957万人となったが、これは前年と比べて増加している。

□□□ 02 令和６年労働力調査によれば、15～64歳の就業者数は2024年平均で5,851万人となったが、これを男女別にみると、男女ともに前年と比べて増加している。

□□□ 03 令和５年雇用動向調査によれば、令和５年１年間における年初の常用労働者数に対する割合である入職率、離職率をみると、離職率の方が入職率よりも高い。

□□□ 04 令和５年雇用動向調査によれば、令和５年１年間の転職入職者について、転職した後の賃金が前職に比べ「増加」した割合は、５割を上回っている。

※本書の内容は、執筆時点（令和７年２月末）で確定しているものとなっており、その後の法改正情報等は反映しておりません。

◆もくじ◆

第1部

各種統計調査・白書

第１編
各種統計調査

1　就業状態の動向（「労働力調査（令和６年平均結果）」より）

〈就業状態体系図〉

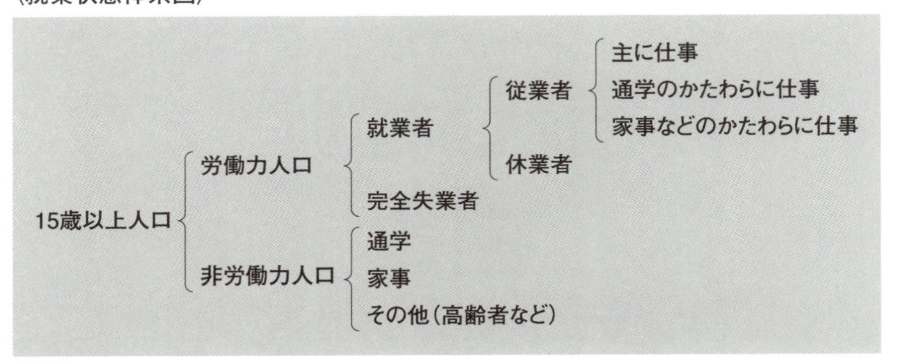

(1)　労働力人口

労働力人口	15 歳以上の人口のうち、「就業者」と「完全失業者」を合わせたもの
非労働力人口	15 歳以上の人口のうち、「就業者」と「完全失業者」以外の者

労働力人口は、2024 年平均で **6,957 万人**と、前年に比べ 32 万人の**増加**（2 年連続の増加）となった。男女別にみると、男性は 3,800 万人と 1 万人の減少、女性は 3,157 万人と 33 万人の**増加**となった。

労働力人口比率（15 歳以上人口に占める労働力人口の割合）は、2024 年平均で **63.3 %**と、前年に比べ 0.4 ポイントの**上昇**（4 年連続の上昇）となった。男女別にみると、男性は 71.5 % と 0.1 ポイントの上昇、女性は 55.6 % と 0.8 ポイントの上昇となった。

非労働力人口は、2024 年平均で **4,031 万人**と、前年に比べ 53 万人の**減少**（4 年連続の減少）となった。男女別にみると、男性は 1,510 万人と 6 万人の減少、女性は 2,521 万人と 47 万人の減少となった。

(2)　就業者

就業者	「従業者」と「休業者」を合わせたもの

従業者	調査週間中に賃金、給料、諸手当、内職収入などの収入を伴う仕事を1時間以上した者。なお、家族従業者は、無給であっても仕事をしたとする。
休業者	仕事を持ちながら、調査週間中に少しも仕事をしなかった者のうち、①雇用者で、給料、賃金（休業手当を含む）の支払を受けている者又は受けることになっている者、②自営業主で、自分の経営する事業を持ったままで、その仕事を休み始めてから30日にならない者

就業者数は、2024年平均で**6,781万人**と、前年に比べ34万人の**増加**（4年連続の増加）となった。男女別にみると、男性は3,699万人と3万人の増加、女性は3,082万人と31万人の**増加**となった。

また、15～64歳の就業者数は、2024年平均で**5,851万人**と、前年に比べ18万人の**増加**となった。男女別にみると、男性は3,161万人と1万人の減少、女性は2,690万人と19万人の**増加**となった。

就業率（15歳以上人口に占める就業者の割合）は、2024年平均で**61.7％**と、前年に比べ0.5ポイントの**上昇**（4年連続の上昇）となった。男女別にみると、男性は69.6％と0.1ポイントの上昇、女性は54.2％と0.6ポイントの上昇となった。

また、15～64歳の就業率は、2024年平均で**79.4％**と、前年に比べ0.5ポイントの**上昇**となった。男女別にみると、男性は84.5％と0.2ポイントの上昇、女性は74.1％と0.8ポイントの上昇となった。

就業者を産業別にみると、「**情報通信業**」は2024年平均で292万人と、前年に比べ**14万人の増加**、「医療,福祉」は922万人と12万人の増加、「宿泊業,飲食サービス業」は407万人と9万人の増加などとなった。

一方、「**製造業**」は1,046万人と**9万人の減少**、「農業,林業」は180万人と7万人の減少、「建設業」は477万人と6万人の減少などとなった。

【参考】雇用形態別人数

正規の職員・従業員	3,654万人	前年比39万人の増加（10年連続の増加）
男性	2,355万人	前年比9万人の増加
女性	1,299万人	前年比31万人の増加

非正規の職員・従業員	2,126 万人	前年比２万人の増加（３年連続の増加）
男性	682 万人	前年比１万人の減少
女性	1,444 万人	前年比３万人の増加

(3)　完全失業者

完全失業者	次の３つの条件を満たす者 ①仕事がなくて調査週間中に少しも仕事をしなかった（就業者ではない）。 ②仕事があればすぐ就くことができる。 ③調査週間中に、仕事を探す活動や事業を始める準備をしていた（過去の求職活動の結果を待っている場合を含む）。

完全失業者数は、2024 年平均で **176 万人**と、前年に比べ２万人の**減少**（３年連続の減少）となった。男女別にみると、男性は 101 万人と４万人の減少、女性は 76 万人と３万人の増加となった。

完全失業率（労働力人口に占める完全失業者の割合）は、2024 年平均で **2.5 %** と、前年に比べ 0.1 ポイントの低下となった。男女別にみると、男性は 2.7 %と前年と 0.1 ポイントの低下、女性は 2.4 %と 0.1 ポイントの上昇となった。

完全失業者を求職理由別にみると、「勤め先や事業の都合による離職」は 22 万人と３万人の減少、「**自発的な離職**（自己都合）」は **75 万人**と前年と同数、「新たに求職」は 48 万人と１万人の増加となった。

2　入職・離職の動向（「令和５年雇用動向調査」より）

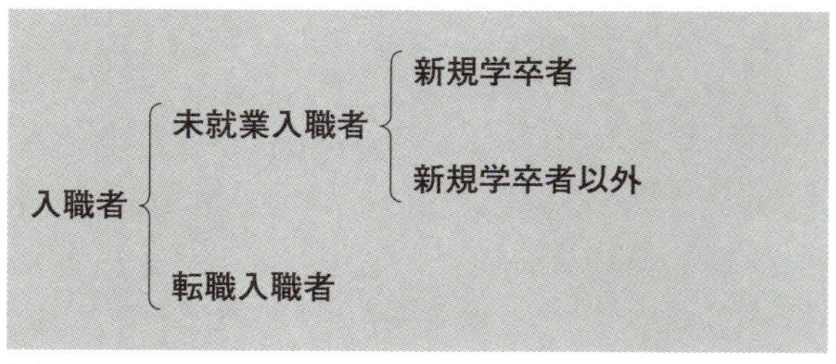

(1)　入職と離職の推移

入職者	常用労働者のうち、調査対象期間中に事業所が新たに採用した者をいい、他企業からの出向者・出向復帰者を含み、同一企業内の他事業所からの転入者を除く。

離職者	常用労働者のうち、調査対象期間中に事業所を退職したり、解雇された者をいい、他企業への出向者・出向復帰者を含み、同一企業内の他事業所への転出者を除く。
入（離）職率	常用労働者数に対する入（離）職者数の割合をいう。
入職超過率	入職率から離職率を引いたものをいう。プラスであれば入職率が離職率を上回っている（入職超過）。マイナスであれば離職率が入職率を上回っている（離職超過）。

令和５年１年間の**入職者数**は850万1.2千人、**離職者数**は798万1.0千人で、入職者が離職者を52万0.2千人上回っている。

就業形態別にみると、一般労働者は、入職者数449万7.3千人、離職者数451万7.6千人で、離職者が入職者を２万0.3千人上回っている。パートタイム労働者は、入職者数400万3.9千人、離職者数346万3.5千人で、入職者が離職者を54万0.4千人上回っている。

年初の常用労働者数に対する割合である**入職率**、**離職率**をみると、入職率は**16.4％**、離職率は**15.4％**で、1.0ポイントの**入職超過**となった。前年と比べると、入職率が1.2ポイント、離職率が0.4ポイント上昇し、**入職超過率**は0.8ポイント拡大した。

性別にみると、男性の入職率が14.3％、離職率が13.8％、女性の入職率が18.8％、離職率が17.3％でそれぞれ入職超過となっている。

就業形態別にみると、一般労働者の入職率が12.1％、離職率が12.1％で同率、パートタイム労働者の入職率が27.5％、離職率が23.8％で入職超過となっている。前年と比べると、男女とも一般労働者及びパートタイム労働者で入職率、離職率ともに上昇した。

(2) 各就業形態の雇用形態別入職と離職の状況

令和５年１年間の入職者数と離職者数を就業形態、雇用形態別にみると、入職者数のうち、一般労働者では**「雇用期間の定めなし」**が328万6.5千人、「雇用期間の定めあり」が121万0.9千人、パートタイム労働者では「雇用期間の定めなし」が163万6.6千人、**「雇用期間の定めあり」**が236万7.3千人となっている。離職者数のうち、一般労働者では「雇用期間の定めなし」が344万1.9千人、「雇用期間の定めあり」が107万5.7千人、パートタイム労働者では「雇用期間の定めなし」が112万0.2千人、「雇用期間の定めあり」が234万3.2千人となっている。

(3)　職歴別入職者数、入職率の状況

転職入職者	入職者のうち、入職前１年間に就業経験のある者をいう。
未就業入職者	入職者のうち、入職前１年間に就業経験のない者をいう。

令和５年１年間の入職者数、入職率を職歴別にみると、**転職入職者数**は540万9.9千人で、転職入職率が10.4％、**未就業入職者数**は309万1.3千人、未就業入職者数のうち、新規学卒者は150万9.8千人で、未就業入職率が6.0％となっている。前年と比べると、転職入職率は0.7ポイント、未就業入職率は0.5ポイント上昇した。

性別にみると、男性は転職入職者数が261万3.9千人、未就業入職者数が133万2.7千人、未就業入職者数のうち、新規学卒者は71万5.6千人で、転職入職率は9.4％と0.7ポイント上昇し、未就業入職率は4.8％と0.3ポイント上昇した。女性は転職入職者数が279万6.0千人、未就業入職者数が175万8.6千人、未就業入職者数のうち、新規学卒者は79万4.2千人で、転職入職率は11.6％と0.8ポイント、未就業入職率は7.3％と0.6ポイント上昇した。

就業形態別にみると、一般労働者は転職入職者数が317万8.4千人、未就業入職者数が131万8.9千人、未就業入職者数のうち、新規学卒者は95万4.2千人で、転職入職率は8.5％、未就業入職率は3.5％となっている。パートタイム労働者は転職入職者数が223万1.5千人、未就業入職者数が177万2.4千人、未就業入職者数のうち、新規学卒者は55万5.6千人で、転職入職率は15.3％、未就業入職率は12.2％となっている。

(4)　産業別の入職と離職

令和５年１年間の労働移動者を主要な産業別にみると、入職者数は「**宿泊業,飲食サービス業**」が173万9.0千人と最も多く、次いで「卸売業,小売業」が142万5.4千人、「医療,福祉」が126万6.5千人の順となっている。離職者数は「**宿泊業,飲食サービス業**」が142万2.7千人と最も多く、次いで「卸売業,小売業」135万4.6千人、「医療,福祉」が115万7.1千人の順となっている。

(5)　転職入職者の状況

①転職入職者が前職を辞めた理由

令和５年１年間の転職入職者が前職を辞めた理由をみると、男性は「その他

の個人的理由」17.3％、「その他の理由（出向等を含む）」14.0％を除くと「**定年・契約期間の満了**」16.9％が最も多く、次いで「職場の人間関係が好ましくなかった」9.1％となっている。女性は「その他の個人的理由」25.1％を除くと「**職場の人間関係が好ましくなかった**」13.0％が最も多く、次いで「労働時間、休日等の労働条件が悪かった」11.1％となっている。

前年と比べると、上昇幅が最も大きいのは、男性は「仕事の内容に興味を持てなかった」2.9ポイントで、女性は「職場の人間関係が好ましくなかった」2.6ポイントとなっている。

②転職入職者の賃金変動状況

令和5年1年間の転職入職者の賃金変動状況をみると、前職の賃金に比べ「**増加**」した割合は**37.2％**、「減少」した割合は32.4％、「変わらない」の割合は28.8％となっている。「増加」のうち「1割以上の増加」は25.6％、「減少」のうち「1割以上の減少」は23.4％となっている。前年と比べると、「増加」した割合は2.3ポイント上昇し、「1割以上の増加」の割合は1.1ポイント上昇した。「減少」した割合は1.5ポイント低下し、「1割以上の減少」の割合は1.8ポイント低下した。

前職の賃金に比べ「増加」した割合と「減少」した割合の差をみると、「増加」が「減少」を4.8ポイント上回っている。また、雇用期間の定めのない一般労働者間の移動では12.3ポイント、パートタイム労働者間の移動では9.0ポイント、それぞれ「増加」が「減少」を上回った。

3　就業構造の動向（「令和4年就業構造基本調査」より）

有業者	ふだん収入を得ることを目的として仕事をしており、調査日以降もしていくことになっている者及び仕事は持っているが現在は休んでいる者をいう。
無業者	ふだん仕事をしていない者、すなわち、ふだん全く仕事をしていない者及び臨時的にしか仕事をしていない者をいう。

(1)　15歳以上人口の就業状態

2022年（令和4年）10月1日現在の15歳以上人口について、就業状態別にみると、有業者は6,706万人、無業者は4,313万人となっており、5年前に比べ、有業者は85万人の増加、無業者は163万人の**減少**となっている。有業者について、男女別にみると、男性は3,671万人、女性は3,035万人となっており、5

年前に比べ、男性は37万人の減少、女性は122万人の増加となっている。

有業率をみると、60.9％となっており、5年前に比べ1.2ポイントの上昇となっている。男女別にみると、男性は69.1％、女性は53.2％となっており、5年前に比べ、男性は0.1ポイントの低下、女性は2.5ポイントの上昇となっている。

⑵　従業上の地位

有業者について、従業上の地位別にみると、「自営業主」は511万人（有業者に占める割合7.6％)、「雇用者」は6,077万人(同 90.8％)などとなっている。

⑶　産業

有業者について、産業大分類別の構成比をみると、「製造業」が16.1％（1,048万人）で最も高く、次いで「卸売業,小売業」が14.9％（967万人)、「医療,福祉」が13.8％（900万人）などとなっている。

5年前に比べ、「医療,福祉」が1.1ポイントの上昇で最も上昇しており、次いで「情報通信業」が1.0ポイントの上昇などとなっている。一方、「卸売業,小売業」が0.9ポイントの低下で最も低下しており、次いで「農業,林業」及び「建設業」が0.5ポイントの低下などとなっている。

⑷　テレワーク実施の有無・頻度及びテレワーク実施の場所

有業者について、1年間のテレワーク実施の有無をみると、「実施した」が1,265万人で、有業者に占める割合が19.1％となっている。テレワークを「実施した」者について、1年間の実施の頻度をみると「20％未満」が654万人で最も多く、次いで「80％以上」が226万人、「20～40％未満」が172万人などとなっている。また、テレワーク実施の場所別にみると「自宅」が1,185万人で最も多く、次いでモバイルワークなどが含まれる「その他」が43万人、「サテライトオフィス」が27万人となっている。

4　賃金の動向(「毎月勤労統計調査(令和6年分結果確報)」より)

令和6年の一人平均月間現金給与総額は、事業所規模5人以上で前年比2.8％増の347,994円となった。現金給与総額を就業形態別にみると、一般労働者は3.2％増の453,256円となり、パートタイム労働者は3.9％増の111,901円となった。

現金給与総額のうち、きまって支給する給与は、2.0％増の281,959円となった。特別に支払われた給与は6.7％増の66,035円となった。

きまって支給する給与	281,959円（2.0％増）
所定内給与	262,325円（2.1％増）
所定外給与	19,634円（0.0％　）

きまって支給する給与（定期給与）：労働協約、就業規則等によってあらかじめ定められている支給条件、算定方法によって支給される給与でいわゆる基本給、家族手当、超過労働手当を含む。

所定内給与：きまって支給する給与のうち所定外給与以外のもの。

所定外給与（超過労働給与）：所定の労働時間を超える労働に対して支給される給与や、休日労働、深夜労働に対して支給される給与。時間外手当、早朝出勤手当、休日出勤手当、深夜手当等である。

特別に支払われた給与（特別給与）：労働協約、就業規則等によらず、一時的又は突発的事由に基づき労働者に支払われた給与又は労働協約、就業規則等によりあらかじめ支給条件、算定方法が定められている給与で以下に該当するもの。
①夏冬の賞与、期末手当等の一時金
②支給事由の発生が不定期なもの
③3か月を超える期間で算定される手当等（6か月分支払われる通勤手当等）
④いわゆるベースアップの差額追給分

5　賃金制度（「令和6年就労条件総合調査」より）

(1)　時間外労働の割増賃金率

時間外労働の割増賃金率（1か月60時間を超える時間外労働に係る割増賃金率は除く）を「一律に定めている」企業割合は83.3％となっており、このうち時間外労働の割増賃金率を「25％」とする企業割合は94.2％、「26％以上」とする企業割合は5.5％となっている。

＜時間外労働の割増賃金率の定めの有無、定め方、割増賃金率階級別企業割合＞

	定めている	一律に定めている	割増賃金率階級	
			25％	26％以上
計	94.6％	83.3％	94.2％	5.5％
1,000人以上	99.6％	87.0％	80.9％	19.1％
300～999人	99.0％	86.5％	88.1％	11.9％
100～299人	97.9％	87.8％	93.3％	6.5％
30～ 99人	93.0％	81.4％	95.7％	3.9％

(2) １か月60時間を超える時間外労働に係る割増賃金率

時間外労働の割増賃金率を定めている企業のうち、１か月60時間を超える時間外労働に係る割増賃金率を定めている企業割合は61.1％となっており、このうち時間外労働の割増賃金率を「25～49％」とする企業割合は0.9％、「50％以上」とする企業割合は99.0％となっている。

＜１か月60時間を超える時間外労働に係る割増賃金率の定めの有無、割増賃金率階級別企業割合＞

	定めている	割増賃金率階級	
		25～49％	50％以上
計	61.1％	0.9％	99.0％
1,000人以上	96.0％	0.2％	99.7％
300～999人	88.1％	0.6％	99.4％
100～299人	73.3％	0.5％	99.3％
30～ 99人	52.9％	1.1％	98.8％

6　労働時間の動向（「毎月勤労統計調査（令和６年分結果確報）」より）

令和６年の一人平均月間総実労働時間は、事業所規模５人以上で前年比1.0％減の136.9時間となった。総実労働時間を就業形態別にみると、一般労働者は0.7％減の162.2時間となり、パートタイム労働者は1.0％減の80.2時間となった。

月間総実労働時間	136.9時間（1.0％減）
所定内労働時間	126.9時間（0.9％減）
所定外労働時間	10.0時間（2.7％減）

総実労働時間　：所定内労働時間と所定外労働時間の合計

所定内労働時間　：労働協約、就業規則等で定められた正規の始業時刻と終業時刻の間の実労働時間数

所定外労働時間　：早出、残業、臨時の呼出、休日出勤等の実労働時間数

7　労働時間制度（「令和６年就労条件総合調査」より）

(1)　所定労働時間

1日の所定労働時間は、1企業平均7時間47分となっている。

週所定労働時間は、1企業平均39時間23分となっている。

	1企業平均 1日の所定労働時間	1企業平均 週所定労働時間
計	7：47	39：23
1,000人以上	7：48	39：02
300～999人	7：47	39：08
100～299人	7：48	39：16
30～　99人	7：47	39：27

(2)　年次有給休暇

令和5年の1年間に企業が付与した年次有給休暇日数（繰越日数を除く）をみると、労働者1人平均は**16.9日**、このうち労働者が取得した日数は**11.0日**で、取得率は**65.3％**（令和5年調査62.1％）となっており、昭和59年以降最も高くなっている。

取得率を産業別にみると、「鉱業,採石業,砂利採取業」が71.5％と最も高く、「宿泊業,飲食サービス業」が51.0％と最も低くなっている。

	労働者1人 平均付与日数	労働者1人 平均取得日数	労働者1人 平均取得率
計	16.9日	11.0日	65.3％
1,000人以上	17.1日	11.5日	67.0％
300～999人	17.3日	11.5日	66.6％
100～299人	16.5日	10.4日	62.8％
30～　99人	16.6日	10.6日	63.7％

年次有給休暇の計画的付与制度がある企業割合は40.1％となっており、これを計画的付与日数階級別にみると、「5～6日」が72.4％と最も高くなっている。

(3)　変形労働時間制

変形労働時間制がある企業割合は60.9％となっており、これを企業規模別にみると、「1,000人以上」が82.8％、「300～999人」が73.4％、「100～299人」が67.0％、「30～99人」が56.9％となっている。また、変形労時間制の種類（複数回答）別にみると、「１年単位の変形労働時間制」が32.3％、「１か月単位の変形労働時間制」が25.2％、「１週間単位の非定型的変形労働時間制」が1.4％、「フレックスタイム制」が7.2％となっている。

＜変形労働時間制の有無、種類別企業割合＞

	変形労働時間制がある企業	１年単位の変形労働時間制	１か月単位の変形労働時間制	１週間単位の非定型的変形労働時間制	フレックスタイム制
計	60.9％	32.3％	25.2％	1.4％	7.2％
1,000人以上	82.8％	21.6％	54.2％	1.1％	34.9％
300～999人	73.4％	23.0％	43.3％	0.2％	19.6％
100～299人	67.0％	30.5％	32.0％	1.3％	9.2％
30～ 99人	56.9％	34.2％	20.3％	1.6％	4.4％

変形労働時間制の適用を受ける労働者割合は52.3％となっており、これを変形労働時間制の種類別にみると、「１年単位の変形労働時間制」は16.7％、「１か月単位の変形労働時間制」は23.7％、「１週間単位の非定型的変形労働時間制」は0.3％、「フレックスタイム制」は11.5％となっている。

＜変形労働時間制の有無、種類別適用労働者割合＞

	変形労働時間制の適用を受ける労働者	１年単位の変形労働時間制	１か月単位の変形労働時間制	１週間単位の非定型的変形労働時間制	フレックスタイム制
計	52.3％	16.7％	23.7％	0.3％	11.5％
1,000人以上	52.0％	6.0％	26.0％	0.3％	19.7％
300～999人	55.4％	12.7％	30.5％	0.0％	12.2％
100～299人	52.8％	24.0％	21.9％	0.6％	6.4％
30～ 99人	49.3％	31.3％	15.0％	0.5％	2.5％

(4) みなし労働時間制

みなし労働時間制がある企業割合は15.3 %となっており、これをみなし労働時間制の種類（複数回答）別にみると、「事業場外みなし労働時間制」が13.3 %、「専門業務型裁量労働制」が2.2 %、「企画業務型裁量労働制」が1.0 %となっている。

＜みなし労働時間制の有無、種類別採用企業割合＞

	みなし労働時間制がある企業	事業場外みなし労働時間制	専門業務型裁量労働制	企画業務型裁量労働制
計	15.3 %	13.3 %	2.2 %	1.0 %
1,000 人以上	26.0 %	16.4 %	10.2 %	4.4 %
300 ～ 999 人	17.6 %	14.6 %	4.2 %	1.9 %
100 ～ 299 人	15.5 %	13.6 %	2.4 %	1.1 %
30 ～ 99 人	14.7 %	13.0 %	1.7 %	0.7 %

みなし労働時間制の適用を受ける労働者割合は9.2 %となっており、これをみなし労働時間制の種類別にみると、「事業場外みなし労働時間制」が7.6 %、「専門業務型裁量労働制」が1.4 %、「企画業務型裁量労働制」が0.2 %となっている。

＜みなし労働時間制の有無、種類別適用労働者割合＞

	みなし労働時間制の適用を受ける労働者	事業場外みなし労働時間制	専門業務型裁量労働制	企画業務型裁量労働制
計	9.2 %	7.6 %	1.4 %	0.2 %
1,000 人以上	12.3 %	9.9 %	2.1 %	0.3 %
300 ～ 999 人	7.8 %	6.6 %	1.1 %	0.2 %
100 ～ 299 人	6.9 %	6.2 %	0.6 %	0.1 %
30 ～ 99 人	7.7 %	6.2 %	1.3 %	0.3 %

(5) 勤務間インターバル制度

勤務間インターバル制度	労働者の健康確保などを目的として、実際の終業時刻から始業時刻までの間隔を一定時間以上空ける制度をいう。なお、実際の終業時刻から始業時刻までの具体的な時間数を定めていない場合は、該当しない。

勤務間インターバル制度の導入状況別の企業割合をみると、「導入している」が5.7％、「導入を予定又は検討している」が15.6％、「導入予定はなく、検討もしていない」が**78.5％**となっている。

<勤務間インターバル制度の導入状況別企業割合及び１企業平均勤務間隔時間>

	導入している	１企業平均勤務間隔時間	導入を予定・検討している	導入予定なし・検討なし
計	5.7％	10：40	15.6％	78.5％
1,000人以上	16.1％	10：01	21.1％	62.6％
300～999人	7.4％	10：08	19.3％	73.0％
100～299人	7.0％	11：05	19.5％	73.2％
30～ 99人	4.8％	10：37	13.8％	81.3％

8　健康に関する措置（「令和５年労働安全衛生調査（実態調査）」より）

(1) メンタルヘルス対策に関する事項

過去１年間（令和４年11月１日から令和５年10月31日までの期間）にメンタルヘルス不調により連続１か月以上休業した労働者又は退職した労働者がいた事業所の割合は**13.5％**となっている。

このうち、連続１か月以上休業した労働者がいた事業所の割合は10.4％、退職した労働者がいた事業所の割合は6.4％となっている。

また、メンタルヘルス不調により連続１か月以上休業した労働者の割合は0.6％、退職した労働者の割合は0.2％となっている。

	休業・退職者がいた事業所	休業者がいた事業所	退職者がいた事業所	休業した労働者	退職した労働者
計	13.5％	10.4％	6.4％	0.6％	0.2％

1,000 人以上	91.2 %	88.1 %	67.4 %	1.0 %	0.2 %
500 ～ 999 人	87.2 %	85.4 %	58.0 %	1.2 %	0.3 %
300 ～ 499 人	74.1 %	70.0 %	42.1 %	0.7 %	0.2 %
100 ～ 299 人	55.3 %	52.4 %	26.0 %	0.6 %	0.2 %
50 ～ 99 人	28.2 %	22.9 %	14.6 %	0.5 %	0.2 %
30 ～ 49 人	16.0 %	10.5 %	8.2 %	0.4 %	0.3 %
10 ～ 29 人	7.5 %	5.1 %	3.1 %	0.3 %	0.2 %

(2) メンタルヘルス対策への取組状況

メンタルヘルス対策に取り組んでいる事業所の割合は63.8 %となっている。

メンタルヘルス対策に取り組んでいる事業所について、取組内容（複数回答）をみると、「ストレスチェックの実施」が65.0 %と最も多く、次いで「メンタルヘルス不調の労働者に対する必要な配慮の実施」が49.6 %となっている。

	取り組んでいる	ストレスチェックの実施
計	63.8 %	65.0 %
1,000 人以上	100.0 %	99.9 %
500 ～ 999 人	99.5 %	99.7 %
300 ～ 499 人	99.8 %	97.7 %
100 ～ 299 人	96.6 %	94.9 %
50 ～ 99 人	87.4 %	85.2 %
30 ～ 49 人	71.8 %	58.1 %
10 ～ 29 人	56.6 %	58.6 %

(3) ストレスチェック結果の活用状況

ストレスチェックを実施した事業所のうち、結果の集団（部、課など）ごとの分析を実施した事業所の割合は69.2 %であり、その中で分析結果を活用した事業所の割合は78.0 %となっている。

	分析を実施した	分析結果を活用した
計	69.2 %	78.0 %
1,000 人以上	94.5 %	86.2 %
500 ～ 999 人	92.3 %	84.8 %
300 ～ 499 人	91.3 %	88.9 %
100 ～ 299 人	79.4 %	80.3 %
50 ～ 99 人	76.3 %	79.9 %
30 ～ 49 人	69.1 %	79.3 %
10 ～ 29 人	64.4 %	75.8 %

⑷　労働安全衛生法に基づく雇入れ時教育の実施状況

労働安全衛生法に基づく雇入れ時教育を実施している事業所の割合は56.1 %となっている。

実施している労働者の就業形態（複数回答）をみると、「正社員」に実施している事業所の割合は54.9 %、「契約社員」に実施している事業所の割合は26.8 %、「パートタイム労働者」に実施している事業所の割合は34.2 %となっている。

	雇入れ時教育を実施	正社員	契約社員	パートタイム労働者
計	56.1 %	54.9 %	26.8 %	34.2 %
1,000 人以上	84.0 %	84.0 %	74.6 %	54.5 %
500 ～ 999 人	87.1 %	86.4 %	68.5 %	58.9 %
300 ～ 499 人	89.1 %	88.6 %	69.4 %	61.5 %
100 ～ 299 人	80.1 %	79.8 %	59.4 %	53.2 %
50 ～ 99 人	71.2 %	70.2 %	43.8 %	51.0 %
30 ～ 49 人	66.8 %	65.2 %	34.2 %	42.2 %
10 ～ 29 人	50.0 %	48.9 %	20.4 %	28.8 %

9　派遣労働者の状況（「令和４年派遣労働者実態調査」より）

⑴　派遣労働者の就業状況（事業所調査）

令和４年10月１日現在の事業所について、派遣労働者が就業している割合は12.3％となっている。

これを産業別にみると、「製造業」が23.6％と最も高く、次いで「情報通信業」23.1％、「金融業,保険業」21.0％となっている。また、事業所規模別にみると、「1,000人以上」83.9％、「300～999人」66.8％、「100～299人」47.8％、「30～99人」26.9％、「5～29人」8.4％と規模が大きいほど派遣労働者が就業している事業所の割合が高くなっている。

⑵　派遣労働者を就業させる理由（事業所調査）

派遣労働者が就業している事業所について、派遣労働者を就業させる主な理由（複数回答３つまで）をみると、「欠員補充等必要な人員を迅速に確保できるため」が76.5％と最も高く、次いで「一時的・季節的な業務量の変動に対処するため」37.2％、「軽作業、補助的業務等を行うため」30.9％となっている。

⑶　派遣労働者を正社員にする制度（事業所調査）

事業所について、派遣労働者を正社員に採用する制度がある割合は14.3％で、このうち過去１年間に「正社員に採用したことがある」は1.6％となっている。採用する制度がない事業所は84.4％で、このうち過去１年間に「正社員に採用したことがある」は2.2％となっている。

これを派遣労働者が就業している事業所についてみると、派遣労働者を正社員に採用する制度がある事業所の割合は23.9％、このうち過去１年間に「正社員に採用したことがある」は3.8％となっている。

⑷　派遣元・派遣先への要望（派遣労働者調査）

①派遣元への要望

派遣労働者について、派遣元への要望の有無をみると、「要望がある」は47.8％となっている。

「要望がある」派遣労働者について、要望の内容（複数回答３つまで）をみると、「賃金制度を改善してほしい」が58.6％と最も高く、次いで「継続した仕事を確保してほしい」29.7％、「派遣先に対して、派遣先での直接雇用に切り替えるよう依頼してほしい」21.6％となっている。

②派遣先への要望

派遣労働者について、派遣先への要望の有無をみると、「要望がある」は38.4 %となっている。

「要望がある」派遣労働者について、要望の内容（複数回答３つまで）をみると、「**派遣契約期間を長くしてほしい**」が 25.6 %と最も高く、次いで「指揮命令系統を明確にしてほしい」17.8 %となっている。

⑸　今後の働き方の希望（派遣労働者調査）

派遣労働者について、今後の働き方に対する希望についてみると、「派遣労働者以外の就業形態で働きたい」**37.0 %**、「派遣労働者として働きたい」**34.2 %**となっている。

「派遣労働者以外の就業形態で働きたい」派遣労働者について就業形態をみると、「正社員として働きたい」が 74.3 %、「パート等の正社員以外の就業形態で働きたい」が 15.9 %、となっている。

⑹　派遣労働者として働いている理由（派遣労働者調査）

派遣労働者について、派遣労働者として働いている理由（複数回答）をみると、「**自分の都合のよい時間に働きたいから**」が 30.8 %、「**正規の職員・従業員の仕事がないから**」30.4 %の割合が高くなっている。

これを性別にみると上位２つは女は全体と同様となっているが、男は「正規の職員・従業員の仕事がないから」31.0 %、「専門的な技能等をいかせるから」23.3 %となっている。

10　高年齢者の雇用状況（「令和６年高年齢者雇用状況等報告」より）

＜集計対象＞全国の常時雇用する労働者が 21 人以上の企業 237,052 社

⑴　65 歳までの高年齢者雇用確保措置の実施状況

高年齢者雇用確保措置（以下「雇用確保措置」という）を実施済みの企業（236,920 社）は、報告した企業全体の **99.9 %**で、中小企業（21 ～ 300 人規模：219,992 社）では 99.9 %、大企業（301 人以上規模：17,060 社）では 100.0 %であった。

雇用確保措置を実施済みの企業について、雇用確保措置の措置内容別に見ると、定年制の廃止（9,247 社）は 3.9 %、定年の引上げ（68,099 社）は 28.7 %、**継続雇用制度の導入**（159,574 社）は **67.4 %**であった。

	定年制の廃止	定年の引上げ	継続雇用制度の導入
全企業	3.9 %	28.7 %	67.4 %
301 人以上	0.7 %	19.9 %	79.4 %
21 ～ 300 人	4.2 %	29.4 %	66.4 %

継続雇用制度の導入により雇用確保措置を講じている企業を対象に、継続雇用制度の内容を見ると、希望者全員を対象とする制度を導入している企業は86.2 %で、中小企業では 87.6 %、大企業では 71.1 %であった。

(2) 70 歳までの高年齢者就業確保措置の実施状況

高年齢者就業確保措置（以下「就業確保措置」という）を実施済みの企業（75,643 社）は、報告した企業全体の 31.9 %で、中小企業では 32.4 %、大企業では 25.5 %であった。

就業確保措置を実施済みの企業について措置内容別に見ると、報告した企業全体のうち、定年制の廃止（9,247 社）は 3.9 %、定年の引上げ（5,690 社）は 2.4 %、継続雇用制度の導入（60,570 社）は 25.6 %、創業支援等措置の導入（136 社）は 0.1 %であった。

	定年制の廃止	定年の引上げ	継続雇用制度の導入	創業支援等措置の導入
全企業	3.9 %	2.4 %	25.6 %	0.1 %
301 人以上	0.7 %	0.7 %	24.0 %	0.1 %
21 ～ 300 人	4.1 %	2.5 %	25.7 %	0.1 %

(3) 企業における定年制の状況

報告した企業における定年制の状況について、定年年齢別に見ると次のとおりであった。

・定年制を廃止している企業（9,247 社）は 3.9 %
・定年を 60 歳とする企業（152,776 社）は 64.4 %
・定年を 61 ～ 64 歳とする企業（6,930 社）は 2.9 %
・定年を 65 歳とする企業（59,693 社）は 25.2 %
・定年を 66 ～ 69 歳とする企業（2,716 社）は 1.1 %

・定年を 70 歳以上とする企業（5,690 社）は 2.4 %

	定年制の廃止	60歳定年	61〜64歳定年	65歳定年	66〜69歳定年	70歳以上定年
全企業	3.9 %	64.4 %	2.9 %	25.2 %	1.1 %	2.4 %
301 人以上	0.7 %	74.3 %	5.2 %	18.9 %	0.3 %	0.7 %
21 〜 300 人	4.1 %	63.7 %	2.8 %	25.7 %	1.2 %	2.5 %

11　障害者の雇用状況（「令和６年障害者雇用状況の集計結果」より）

民間企業（常用労働者数が 40.0 人以上の企業：法定雇用率 2.5 %）に雇用されている障害者の数は **677,461.5 人**で、前年より 35,283.5 人**増加**（対前年比 5.5 %増）し、21 年連続で過去最高となった。

雇用者のうち、身体障害者は 368,949.0 人（対前年比 2.4 %増）、知的障害者は 157,795.5 人（同 4.0 %増）、精神障害者は 150,717.0 人（同 15.7 %増）と、いずれも前年より増加し、特に精神障害者の伸び率が大きかった。

実雇用率は、13 年連続で過去最高の **2.41 %**、法定雇用率達成企業の割合は **46.0 %**であった。

<実雇用率と雇用されている障害者の数の推移>

	障害者の数	実雇用率	法定雇用率達成企業の割合
令和 4 年	613,958.0 人	2.25 %	48.3 %
令和 5 年	642,178.0 人	2.33 %	50.1 %
令和 6 年	677,461.5 人	2.41 %	46.0 %

企業規模別にみると、雇用されている障害者の数は、今年から新たに報告対象となった常用労働者数が 40.0 〜 43.5 人未満規模の企業では 4,962.5 人であった。また、従来から報告対象であった企業を規模別に見ると、43.5 〜 100 人未満で 73,317.5 人（前年は 70,302.5 人）、100 〜 300 人未満で 124,637.0 人（同 122,195.0 人）、300 〜 500 人未満で 57,178.5 人（同 54,084.5 人）、500 〜 1,000 人未満で 76,515.5 人（同 73,435.5 人）、1,000 人以上で 340,850.5 人（同 322,160.5 人）と、全ての企業規模で前年より**増加**した。

実雇用率は、今年から新たに報告対象となった常用労働者数が 40.0 〜 43.5 人未満規模の企業では2.10 %であった。また、従来から報告対象であった企業を規模別に見ると、43.5 ～ 100 人未満で1.95 %（前年は1.95 %）、100 ～ 300 人未満で2.19 %（同2.15 %）、300 ～ 500 人未満で2.29 %（同2.18 %）、500 ～ 1,000 人未満で2.48 %（同2.36 %）、1,000 人以上で**2.64 %**（同2.55 %）と、全ての企業規模で前年より**増加**した。なお、1,000 人以上規模の企業は、実雇用率が法定雇用率を上回っている。

法定雇用率達成企業の割合は、今年から新たに報告対象となった常用労働者数が40.0 ～ 43.5 人未満規模の企業では33.3 %であった。また、従来から報告対象であった企業を規模別に見ると、43.5 ～ 100 人未満で45.4 %（前年は47.2 %）、100 ～ 300 人未満で49.1 %（同53.3 %）、300 ～ 500 人未満で41.1 %（同46.9 %）、500 ～ 1,000 人未満で44.3 %（同52.4 %）、1,000 人以上で54.7 %（同67.5 %）となり、全ての企業規模で前年より**低下**した。

12　外国人の雇用状況（「外国人雇用状況の届出状況（令和6年10月末時点）」より）

⑴　外国人労働者及び外国人を雇用する事業所の状況

令和6年10月末時点で、外国人労働者数は**2,302,587 人**、外国人を雇用する事業所数は**342,087 所**であり、令和5年10月末時点（2,048,675 人、318,755 所）に比べ、253,912 人、23,312 所**増加**している。

産業別外国人労働者数をみると、「**製造業**」が最も多く、全体の**26.0 %**を占める。対前年増加率をみると、「医療、福祉」が28.1 %となっている。

⑵　国籍別の外国人労働者の状況

外国人労働者数を国籍別にみると、**ベトナム**が最も多く570,708 人（外国人労働者数全体の**24.8 %**）であり、次いで、中国408,805 人（同17.8 %）、フィリピン245,565 人（同10.7 %）の順となっている。対前年増加率が大きい主な3か国をみると、**ミャンマー**が61.0 %（43,430 人）増加、インドネシア39.5 %（48,032 人）増加、スリランカ33.7 %（9,863 人）増加となっている。

⑶　産業別の外国人を雇用する事業所の状況

外国人を雇用する事業所数の産業別の割合をみると、「**卸売業、小売業**」が18.7 %、「製造業」が16.6 %、「宿泊業、飲食サービス業」が14.3 %となっている。

13　労働者の能力開発（「令和５年度能力開発基本調査」より）

OJT (On the Job Training)	日常の業務に就きながら行われる教育訓練をいう。直接の上司が、業務の中で作業方法等について、部下に指導することなどがこれにあたる。
OFF−JT (Off the Job Training)	業務命令に基づき、通常の仕事を一時的に離れて行う教育訓練（研修）のことをいい、例えば、社内で実施する教育訓練（労働者を１か所に集合させて実施する集合訓練など）や、社外で実施する教育訓練（業界団体や民間の教育訓練機関など社外の教育訓練機関が実施する教育訓練に労働者を派遣することなど）を含む。
自己啓発	労働者が職業生活を継続するために行う、職業に関する能力を自発的に開発し、向上させるための活動をいう（職業に関係ない趣味、娯楽、スポーツ健康増進等のためのものは含まない）。

⑴　OFF−JT及び自己啓発支援に支出した費用について（企業調査）

令和５年度調査における企業の教育訓練への費用の支出状況をみると、ＯＦＦ−ＪＴまたは自己啓発支援に支出した企業は**54.6％**であった。ＯＦＦ−ＪＴと自己啓発支援の両方に支出した企業は20.3％、ＯＦＦ−ＪＴにのみ費用を支出した企業は28.9％、自己啓発支援にのみ支出した企業は5.4％であった。一方、どちらにも支出していない企業は45.3％であった。

⑵　事業内職業能力開発計画及び職業能力開発推進者について（企業調査）

①事業内職業能力開発計画の作成状況

事業内職業能力開発計画（以下「事業内計画」という）の作成状況は、「すべての事業所において作成している」とする企業が14.1％、「一部の事業所においては作成している」とする企業が8.7％であった。両者を合わせても全体の４分の１に満たず、「いずれの事業所においても作成していない」とした企業が**77.2％**と多くを占めている。

②職業能力開発推進者の選任状況

職業能力開発推進者の選任状況は、「すべての事業所において選任している」とする企業が10.0％、「一部の事業所においては選任している」とする企業が6.7％である。両者を合わせても全体の５分の１に満たず、「**いずれの事業所においても選任していない**」企業が**83.2％**と多くを占めている。

⑶　教育訓練の実施に関する事項について（事業所調査）

①OFF−JTの実施状況

令和５年度調査において、正社員または正社員以外に対してOFF−JTを実施したと回答した事業所は72.6％であり、その内訳をみると、「正社員と正社員以外、両方実施した」は27.1％、「正社員のみ実施した」は44.3％、「正社員以外のみ実施した」は1.2％であった。一方、「OFF−JTを実施していない」とする事業所は27.2％であった。

正社員に対してOFF−JTを実施した事業所割合は71.4％となり、3年移動平均の推移でみると、直近では上昇に転じている。正社員以外に対してOFF−JTを実施した事業所割合は28.3％であり、正社員に比べて低い割合になっている。

②計画的なOJTの実施状況

令和５年度調査において、正社員または正社員以外に対して計画的なOJTを実施したと回答した事業所は63.2％であり、その内訳をみると、「正社員と正社員以外、両方に実施した」は20.7％、「正社員のみ実施した」は40.0％、「正社員以外のみ実施した」は2.5％であり、正社員のみに対して計画的なOJTを実施した事業所が多い結果となった。一方、「計画的なOJTを実施していない」と回答した事業所は36.7％であった。

正社員に対して計画的なOJTを実施した事業所は60.6％で、3年移動平均の推移では直近で上昇に転じている。正社員以外に対して計画的なOJTを実施した事業所は23.2％で、3年移動平均の推移では、直近で上昇に転じている。また、長期的には、正社員に対する割合と比較して2分の1に満たない水準で推移している。

⑷　キャリアコンサルティングを行うしくみの導入状況（事業所調査）

正社員または正社員以外に対してキャリアコンサルティングを行うしくみを導入している事業所は41.7％であり、その内訳をみると、「正社員、正社員以外どちらもある」は22.2％、「正社員のみある」は19.3％、「正社員以外のみある」は0.2％であった。一方、「キャリアコンサルティングを行うしくみがない」とした事業所は、57.9％であった。

正社員を雇用する事業所のうち、正社員に対してキャリアコンサルティングを行うしくみがある事業所は、41.6％であった。3年移動平均をみると、近年、4割前後で推移している。一方で、正社員以外を雇用する事業所のうち、正社員以外に対してキャリアコンサルティングを行うしくみがある事業所は、24.7 %と、正社員に比べると低い水準となっている。3年移動平均をみると、近年、20 %台後半で推移している。

キャリアコンサルティングを行う目的については、正社員、正社員以外ともに、「労働者の仕事に対する意識を高め、職場の活性化を図るため」（正社員71.0 %、正社員以外 58.7 %）、「労働者の自己啓発を促すため」（正社員 67.9 %、正社員以外 57.0 %）の割合が高くなっている。

キャリアコンサルティングを行った効果については、「労働者の仕事への意欲が高まった」（正社員 47.7 %、正社員以外 45.2 %）、「自己啓発する労働者が増えた」（正社員 34.0 %、正社員以外 26.4 %）の割合が高くなっている。

キャリアコンサルティングを行うしくみを導入している事業所のうち、キャリアコンサルティングを行う上で問題があるとする事業所は、「正社員」では73.6 %、「正社員以外」では 65.3 %であった。問題の内訳をみると、「労働者からのキャリアに関する相談件数が少ない」（正社員 41.4 %、正社員以外 43.4 %）が最も多く、次いで「キャリアに関する相談を行っても、その効果が見えにくい」（正社員 37.4 %、正社員以外 33.6 %）が多くなっている。

キャリアコンサルティングを行うしくみがある事業所のうち、事業所で相談を受けているのはキャリアコンサルタントであるかとの問いに対し、「そうである」との回答は 11.3 %、「そうではない」との回答は 74.1 %となっている。また、キャリアコンサルティングを行うしくみがない事業所のうち、キャリアコンサルティングを行っていない理由としては、「労働者からの希望がない」（正社員 44.5 %、正社員以外 44.9 %）が最も多く、次いで、「キャリアコンサルタント等相談を受けることのできる人材を内部で育成することが難しい」（正社員 39.3 %、正社員以外 29.5 %）が多くなっている。

(5)　自己啓発について（個人調査）

①自己啓発の実施状況

令和4年度に自己啓発を行った者は、「労働者全体」では 34.4 %であり、「正社員」で 44.1 %、「正社員以外」で 16.7 %と、正社員以外の実施率が低くなっている。男女別にみると、「男性」は 39.9 %、「女性」は 28.0 %と、女性の実施率が低くなっている。

②自己啓発を行った理由

自己啓発を行った者のうち、自己啓発を行った理由をみると、正社員、正社員以外ともに、「現在の仕事に必要な知識・能力を身につけるため」(正社員83.4 %、正社員以外 74.0 %)の割合が最も高く、次いで、「将来の仕事やキャリアアップに備えて」(正社員 58.0 %、正社員以外 44.8 %)、「資格取得のため」(正社員 34.5 %、正社員以外 27.4 %)と続いている。

③自己啓発を行う上での問題点

自己啓発を行う上で何らかの問題があるとした者は、労働者全体の「総数」では 80.0 %(正社員 83.0 %、正社員以外 74.5 %)であった。男女別では、「男性」の 78.4 %(正社員 81.4 %、正社員以外 67.2 %)に対して、「女性」は 81.9 %(正社員 86.3 %、正社員以外 77.9 %)と、問題があるとする割合は女性の方がやや高くなっている。

自己啓発における問題点の内訳をみると、正社員、正社員以外ともに「仕事が忙しくて自己啓発の余裕がない」(正社員 60.0 %、正社員以外 37.1 %)、「家事・育児が忙しくて自己啓発の余裕がない」(正社員 28.2 %、正社員以外 32.2 %)、「費用がかかりすぎる」(正社員 27.8 %、正社員以外 28.5 %)の順に高くなっている。

さらに、正社員の自己啓発における問題点の内訳を男女別でみると、男性では「仕事が忙しくて自己啓発の余裕がない」(64.3 %)、「費用がかかりすぎる」(26.8 %)、「どのようなコースが自分の目指すキャリアに適切なのかわからない」(22.8 %)の順に高く、女性では「仕事が忙しくて自己啓発の余裕がない」(52.2 %)、「家事・育児が忙しくて自己啓発の余裕がない」(39.0 %)、「費用がかかりすぎる」(29.5 %)と続いている。

(6) これからの職業生活設計について(個人調査)

①キャリアコンサルティングの経験

令和 4 年度中にキャリアコンサルティングを受けた者は、「労働者全体」では 10.8 %であり、「正社員」では 13.8 %、「正社員以外」では 5.4 %であった。

キャリアに関する相談をする主な組織・機関については、「職場の上司・管理者」を挙げる者の割合が、正社員(77.3 %)、正社員以外(71.1 %)ともに最も高くなっている。なお、「企業外の機関等(再就職支援会社、キャリアコンサルティングサービス機関等)」(正社員 7.3 %、正社員以外 13.4 %)などでは、正社員以外の割合が正社員の割合を上回っている。

キャリアに関する相談が役立ったことの内訳は、「仕事に対する意識が高まった」を挙げる者の割合が、正社員(56.8 %)、正社員以外(51.7 %)ともに最も高くなっている。また、「上司・部下との意思疎通が円滑になった」（正社員35.4 %、正社員以外15.9 %）などは正社員が高く、「現在の会社で働き続ける意欲が湧いた」（正社員19.1 %、正社員以外24.5 %）などは正社員以外が高くなっている。

②キャリアコンサルタントに相談したい内容

キャリアコンサルタントに相談したい内容は、正社員では、「**将来のキャリアプラン**」（56.9 %）が最も多く、次いで、「仕事に対する適性・適職（職業の向き不向き）」（45.3 %）、「仕事に対するモチベーションの向上」（34.4 %）、「適切な職業能力開発の方法（資格取得、効果的な自己啓発の方法等）」（32.1 %）と続いている。正社員以外では、「**仕事に対する適性・適職（職業の向き不向き）**」（38.1 %）が最も多かった。また、「仕事の内容、賃金、労働時間などの労働条件･労働環境」（36.8 %）では、正社員（25.7 %）を11.1ポイント上回っている。

14　雇用機会均等の状況（「令和５年度雇用均等基本調査」より）

(1)　職種別正社員・正職員の状況

①正社員・正職員の男女比率

正社員・正職員に占める女性の割合は、**27.3 %**と、前回調査（令和4年度26.9 %）より0.4ポイント上昇した。

これを職種別にみると、総合職21.5 %、限定総合職35.4 %、一般職34.5 %、その他20.1 %となっている。

＜職種別正社員・正職員の男女比率＞

	正社員・正職員計	総合職	限定総合職	一般職	その他
女性	27.3 %	21.5 %	35.4 %	34.5 %	20.1 %
男性	72.7 %	78.5 %	64.6 %	65.5 %	79.9 %

総合職　：基幹的な業務や総合的な判断を行う業務に属し、勤務地の制限がない職種

限定総合職　：準総合職、専門職など基幹的な業務や総合的な判断を行う業務に属し、転居を伴う転勤がない又は一定地域内や一定職種内でのみ異動がある職種

一般職　：「総合職」「限定総合職」と比して基幹的な業務や総合的な判断を行う業務が少ない職種

②正社員・正職員の構成比

女性の正社員･正職員に占める各職種の割合は、**一般職**が43.5 %と最も高く、次いで総合職38.6 %、限定総合職13.6 %の順となっている。

男性の正社員・正職員に占める各職種の割合は、総合職が53.0 %と最も高く、次いで一般職 31.1 %、限定総合職 9.3 %の順となっている。

(2) 管理職等について

①女性管理職等を有する企業割合

課長相当職以上（役員を含む。以下同じ）の女性管理職を有する企業割合は54.2 %、係長相当職以上（役員を含む。以下同じ）の女性管理職等を有する企業割合は62.7 %となっている。また、女性管理職を有する企業割合を役職別にみると、部長相当職ありの企業は12.1 %、課長相当職は21.5 %となっている。

＜役職別女性管理職等を有する企業割合の推移（企業規模 10 人以上）＞

	課長相当職以上	係長相当職以上	役員	部長相当職	課長相当職	係長相当職
令和 3 年度	53.2 %	61.1 %	33.4 %	12.1 %	20.1 %	21.0 %
令和 4 年度	52.1 %	60.5 %	32.4 %	12.0 %	22.3 %	22.9 %
令和 5 年度	54.2 %	62.7 %	33.6 %	12.1 %	21.5 %	23.9 %

規模別にみると、規模が大きくなるほど、各管理職の女性を有する企業割合が高くなる傾向にあり、5,000 人以上規模では、部長相当職の女性管理職を有する企業が 80.0 %、課長相当職の女性管理職を有する企業が 97.3 %、1,000 ～ 4,999 人規模では、部長相当職の女性管理職を有する企業が 51.7 %、課長相当職の女性管理職を有する企業が 82.3 %となっている。

②管理職等に占める女性の割合

課長相当職以上の管理職に占める女性の割合は 12.7 %と、前回調査（令和 4 年度 12.7 %）と同率、係長相当職以上の管理職等に占める女性の割合は 15.1 %と、前回調査（同 14.7 %）より 0.4 ポイント上昇した。

それぞれの役職に占める女性の割合は、役員では 20.9 %、部長相当職では 7.9 %、課長相当職では 12.0 %、係長相当職では 19.5 %となっている。

＜役職別女性管理職等割合の推移（企業規模 10 人以上）＞

	課長相当職以上	係長相当職以上	役員	部長相当職	課長相当職	係長相当職
令和 3 年度	12.3 %	14.5 %	21.4 %	7.8 %	10.7 %	18.8 %
令和 4 年度	12.7 %	14.7 %	21.1 %	8.0 %	11.6 %	18.7 %
令和 5 年度	12.7 %	15.1 %	20.9 %	7.9 %	12.0 %	19.5 %

規模別にみると、いずれの管理職等の割合においても10～29人規模が最も高く、部長相当職が13.2％、課長相当職が17.5％、係長相当職が26.8％となっている。

課長相当職以上の管理職に占める女性の割合を産業別にみると、医療,福祉（52.7％）が突出して高くなっており、教育,学習支援業（24.8％）、生活関連サービス業,娯楽業（20.1％）、宿泊業,飲食サービス業（19.4％）と続いている。

(3)　ハラスメントを防止するための対策の取組の有無

①セクシュアルハラスメント

セクシュアルハラスメントを防止するための対策に「取り組んでいる」企業割合は86.0％と、前回調査（令和4年度85.9％）より0.1ポイント上昇した。規模別にみると、企業規模が大きいほど割合が高く、5,000人以上では100.0％、1,000～4,999人では99.9％、300～999人では99.8％、100～299人では98.6％、30～99人では92.4％、10～29人では81.2％となっている。

過去3年間に、セクシュアルハラスメントに関する相談実績又は事案のあった企業は6.0％であった。規模別にみると、企業規模が大きいほど割合が高く、5,000人以上規模では88.7％、1,000～4,999人規模では60.7％となっている。相談実績又は事案のあった企業のうち、その事案にどのように対応したか（複数回答）をみると、「事実関係を確認した」が94.7％、「被害者に対する配慮を行った」が84.2％、「再発防止に向けた措置を講じた」が80.4％であった。

②妊娠・出産・育児休業等に関するハラスメント

妊娠・出産・育児休業等に関するハラスメントを防止するための対策に「取り組んでいる」企業割合は82.7％と、前回調査（令和4年度81.5％）より1.2ポイント上昇した。規模別にみると、5,000人以上では100.0％、1,000～4,999人では99.9％、300～999人では99.4％、100～299人では98.0％、30～99人では87.4％、10～29人では78.2％となっている。

過去3年間に、妊娠・出産・育児休業等に関するハラスメントに関する相談実績又は事案のあった企業は0.4％であった。規模別にみると、5,000人以上規模では38.5％、1,000～4,999人規模では11.5％となっている。相談実績又は事案のあった企業のうち、その事案にどのように対応したか（複数回答）をみると、「事実関係を確認した」が79.2％、「行為者に対する措置を行った」が76.3％、「再発防止に向けた措置を講じた」が72.3％であった。

③パワーハラスメント

パワーハラスメントを防止するための対策に「取り組んでいる」企業割合は86.2％と、前回調査（令和4年度84.4％）より1.8ポイント上昇した。規模別にみると、企業規模が大きいほど取り組んでいる企業割合が高く、5,000人以上では100.0％、1,000～4,999人では99.9％、300～999人では99.7％、100～299人では98.3％、30～99人では90.5％、10～29人では82.4％となっている。

過去3年間に、パワーハラスメントに関する相談実績又は事案のあった企業は13.5％であった。規模別にみると、企業規模が大きいほど割合が高く、5,000人以上規模では85.8％、1,000～4,999人規模では80.8％、300～999人規模では60.9％となっている。相談実績又は事案のあった企業のうち、その事案にどのように対応したか（複数回答）をみると、「事実関係を確認した」が90.6％、「被害者に対する配慮を行った」が75.1％、「再発防止に向けた措置を講じた」が74.6％であった。

15　育児休業制度の利用状況（「令和5年度雇用均等基本調査」より）

(1)　育児休業者の有無別事業所割合

①女性

令和3年10月1日から令和4年9月30日までの1年間に、在職中に出産した女性がいた事業所に占める女性の育児休業者（上記の期間に出産した者のうち令和5年10月1日までの間に育児休業を開始した者（育児休業の申出をしている者を含む））がいた事業所の割合は87.6％と、前回調査（令和4年度86.7％）より0.9ポイント上昇した。

また、女性の有期契約労働者についてみると、在職中に出産した女性の有期契約労働者がいた事業所のうち、育児休業者がいた事業所の割合は83.8％で、前回調査（同75.4％）より8.4ポイント上昇した。

②男性

令和3年10月1日から令和4年9月30日までの1年間に、配偶者が出産した男性がいた事業所に占める男性の育児休業者（上記の期間に配偶者が出産した者のうち令和5年10月1日までの間に育児休業（産後パパ育休を含む）を開始した者（育児休業の申出をしている者を含む））がいた事業所の割合は37.9％と、前回調査（令和4年度24.2％）より13.7ポイント上昇した。

また、男性の有期契約労働者についてみると、育児休業者がいた事業所の割合は30.0％で、前回調査（同11.2％）より18.8ポイント上昇した。

⑵　育児休業者割合

①女性

令和3年10月1日から令和4年9月30日までの1年間に在職中に出産した女性のうち、令和5年10月1日までに育児休業を開始した者（育児休業の申出をしている者を含む）の割合は**84.1％**と、前回調査（令和4年度80.2％）より3.9ポイント**上昇**した。

また、同期間内に出産した、有期契約労働者の育児休業取得率は75.7％で、前回調査（同65.5％）より10.2ポイント上昇した。

②男性

令和3年10月1日から令和4年9月30日までの1年間に配偶者が出産した男性のうち、令和5年10月1日までに育児休業（産後パパ育休を含む）を開始した者（育児休業の申出をしている者を含む）の割合は**30.1％**と、前回調査（令和4年度17.13％）より13.0ポイント**上昇**した。

また、同期間内において配偶者が出産した、有期契約労働者の育児休業取得率は26.9％で、前回調査（同8.57％）より18.3ポイント上昇した。

＜育児休業取得率の推移＞

	女性	男性
令和3年度	85.1％	13.97％
令和4年度	80.2％	17.13％
令和5年度	84.1％	30.1　％

⑶　育児休業終了後の復職状況

令和4年4月1日から令和5年3月31日までの1年間に育児休業（産後パパ育休を含む）を終了し、復職予定であった女性のうち、実際に復職した者の割合は**93.2％**（令和3年度93.1％）、退職した者の割合は6.8％（同6.9％）であった。

男性については復職した者の割合は**97.3％**（同97.5％）、退職した者の割合は2.7％（同2.5％）であった。

(4) 育児休業の取得期間

令和4年4月1日から令和5年3月31日までの1年間に育児休業（産後パパ育休を含む）を終了し、復職した女性の育児休業期間は、「**12か月～18か月未満**」が32.7％と最も高く、次いで「10か月～12か月未満」が30.9％、「8か月～10か月未満」11.4％の順となっている。

一方、男性は「**1か月～3か月未満**」が28.0％と最も高く、次いで「5日～2週間未満」が22.0％、「2週間～1か月未満」が20.4％となっている。

16　労働組合及び労働組合員の状況（「令和6年労働組合基礎調査」より）

単位組織組合	規約上労働者が当該組織に個人加入する形式をとり、かつ、その内部に独自の活動を行い得る下部組織（支部、分会等）を持たない労働組合をいう。
単一組織組合	規約上労働者が当該組織に個人加入する形式をとり、かつ、その内部に独自の活動を行い得る下部組織（支部、分会等）を有する労働組合をいう。なお、このうち最下部の組織を「単位扱組合」、最上部の組織を「本部組合」という。
単位労働組合	「単位組織組合」及び単一組織組合の下部組織である「単位扱組合」をいう。
単一労働組合	「単位組織組合」及び「単一組織組合」をいう。

(1) 労働組合及び労働組合員の状況

令和6年6月30日現在における単一労働組合の労働組合数は**22,513組合**、労働組合員数は**991万2千人**で、前年に比べて労働組合数は276組合（1.2％）**減**、労働組合員数は2万5千人（0.3％）**減少**している。また、**推定組織率**（雇用者数に占める労働組合員数の割合）は**16.1％**で、前年より0.2ポイント**低下**している。

女性の労働組合員数は350万6千人で、前年に比べ3万2千人（0.9％）の**増**、推定組織率（女性雇用者数に占める女性の労働組合員数の割合）は12.4％で、前年と同水準となっている。

＜労働組合数、労働組合員数及び推定組織率の推移＞

＊（　）内は、女性についての数値

	労働組合数	労働組合員数	推定組織率
令和４年	23,046 組合	999 万２千人（347 万１千人）	16.5 %（12.5 %）
令和５年	22,789 組合	993 万８千人（347 万３千人）	16.3 %（12.4 %）
令和６年	22,513 組合	991 万２千人（350 万６千人）	16.1 %（12.4 %）

⑵　パートタイム労働者の状況

労働組合員数（単位労働組合）のうち、パートタイム労働者についてみると**146 万３千人**となっており、前年に比べて５万３千人（3.8 %）の**増**、全労働組合員数に占める割合は**14.9 %**で、前年より 0.6 ポイント上昇している。また、推定組織率は 8.8 %で、前年より 0.4 ポイント上昇している。

＜パートタイム労働者の労働組合員数及び推定組織率の推移＞

＊（　）内は、女性についての数値

	パートタイム労働者の労働組合員数	全労働組合員数に占める割合	推定組織率
令和４年	140 万４千人（105 万９千人）	14.1 %（30.6 %）	8.5 %（8.7 %）
令和５年	141 万０千人（104 万７千人）	14.3 %（30.2 %）	8.4 %（8.5 %）
令和６年	146 万３千人（109 万０千人）	14.9 %（31.2 %）	8.8 %（8.9 %）

17　労働組合活動等の状況（「令和５年労働組合活動等に関する実態調査」より）

⑴　正社員以外の労働者に関する状況

①正社員以外の労働者の組合加入資格、組合員の有無

事業所に正社員以外の労働者がいる労働組合について、労働者の種類別に「組合加入資格がある」割合をみると、「パートタイム労働者」40.7 %、「有期契約労働者」42.5 %、「嘱託労働者」37.9 %、「派遣労働者」7.0 %なっている。

労働者の種類別に「組合員がいる」割合をみると、「パートタイム労働者」**33.0 %**、「有期契約労働者」**34.3 %**、「嘱託労働者」**31.1 %**、「派遣労働者」2.6 %となっている。

②正社員以外の労働者に関する事項別話合いの状況

過去1年間（令和4年7月1日から令和5年6月30日の期間）に、正社員以外の労働者に関して使用者側と話合いが持たれた事項（複数回答）をみると、「**正社員以外の労働者（派遣労働者を除く）の労働条件**」70.7％が最も高く、次いで「同一労働同一賃金に関する事項」46.7％、「正社員以外の労働者（派遣労働者を含む）の正社員への登用制度」35.2％などとなっている。

「正社員以外の労働者（派遣労働者を除く）の労働条件」を事項別にみると、「賃金に関する事項」55.0％（同52.9％）が最も高くなっている。

(2) 労働組合活動の重点事項

労働組合活動において、これまで重点をおいてきた事項（複数回答：主なもの5つまで）をみると、「**賃金・賞与・一時金**」91.3％が最も高くなっている。次いで「労働時間（労働時間の適正把握を含む）・休日・休暇」74.4％、「組合員の雇用の維持」37.8％などとなっている。

今後重点をおく事項（複数回答:主なもの5つまで）についても、「**賃金・賞与・一時金**」79.4％が最も高くなっている。次いで「労働時間（労働時間の適正把握を含む）・休日・休暇」62.9％、「職場の安全衛生（メンタルヘルスを含む）」33.1％などとなっている。

18　個別労働紛争の状況（「令和5年度個別労働紛争解決制度の施行状況」より）

総合労働相談件数は**121万412件**で、4年連続で120万件を超える。

内容			件数	前年度比
総合労働相談			121万0,412件	3.0％減
	内　訳 延べ数	法制度の問い合わせ	83万4,829件	3.1％減
		労働基準法等の違反の疑いがあるもの	19万2,961件	2.4％増
		民事上の個別労働関係紛争相談＊	26万6,162件	2.2％減
助言・指導申出			8,372件	5.7％増
あっせん申請			3,687件	6.3％増

＊民事上の個別労働関係紛争相談（26万6,162件）の内訳

①**いじめ・嫌がらせ**…60,125件

②自己都合退職………42,472件
③解雇……………………32,944件

19　公的年金の被保険者数・受給権者数（「令和５年度厚生年金保険・国民年金事業の概況」より）

(1)　適用状況

公的年金被保険者数は、令和5年度末現在で**6,745万人**となっており、前年度末に比べて1万人（0.0％）**増加**している。

国民年金の**第１号被保険者数**（任意加入被保険者を含む）は、令和5年度末現在で**1,387万人**となっており、前年度末に比べて18万人（1.3％）**減少**している。

厚生年金被保険者数（第1～4号）は、令和5年度末現在で**4,672万人**（うち第1号4,211万人、第2～4号461万人）となっており、前年度末に比べて54万人（1.2％）**増加**している。

国民年金の**第３号被保険者数**は、令和5年度末現在で**686万人**となっており、前年度末に比べて36万人（4.9％）**減少**している。

＜公的年金被保険者数の推移＞

	被保険者数	第1号被保険者	厚生年金被保険者（第2号被保険者等）		第3号被保険者
			第1号	第2～4号	
令和3年度	6,729万人	1,431万人	4,065万人	471万人	763万人
令和4年度	6,744万人	1,405万人	4,157万人	461万人	721万人
令和5年度	6,745万人	1,387万人	4,211万人	461万人	686万人

(2)　給付状況

公的年金受給者数（延人数）は、令和5年度末現在で**7,747万人**となっており、前年度末に比べて38万人（0.5％）**増加**している。

重複のない公的年金の**実受給権者数**は、令和5年度末現在で**3,978万人**であり、前年度末に比べて2万人（1.2％）**増加**している。

＜公的年金受給者数の推移＞　＊「受給者数」は重複のない実受給権者数

	受給者数	国民年金	厚生年金保険	
			第1号	第2～4号
令和3年度	4,023万人	3,614万人	3,588万人	496万人
令和4年度	3,975万人	3,616万人	3,598万人	494万人
令和5年度	3,978万人	3,626万人	3,622万人	499万人

公的年金受給者の**年金総額**は、令和5年度末現在で56兆8,281億円となっており、前年度末に比べて1兆1,069億円（2.0％）**増加**している。

＜公的年金受給者の年金総額の推移＞

	総数	国民年金	厚生年金保険		
				第1号	第2～4号
令和3年度	56兆0,674億	24兆4,997億	31兆5,677億	25兆4,996億	6兆0,681億
令和4年度	55兆7,211億	24兆4,936億	31兆2,275億	25兆3,087億	5兆9,188億
令和5年度	56兆8,281億	25兆1,109億	31兆7,171億	25兆7,560億	5兆9,611億

20　高齢者世帯の所得状況（「令和5年国民生活基礎調査の概況」より）

※「令和5年調査」の所得とは、令和4年の1年間の所得である。

(1)　年次別の所得の状況

令和4年の1世帯当たり平均所得金額は、「全世帯」が524万2千円となっている。また、「**高齢者世帯**」が**304万9千円**、「高齢者世帯以外の世帯」が651万1千円、「児童のいる世帯」が812万6千円となっている。

(2)　所得の種類別の状況

各種世帯の所得の種類別1世帯当たり平均所得金額の構成割合をみると、全世帯では「稼働所得」が72.9％、「公的年金・恩給」が20.9％であるが、高齢者世帯では「**公的年金・恩給**」が**62.9％**、「稼働所得」が26.1％となっている。

公的年金・恩給を受給している高齢者世帯のなかで「公的年金・恩給の総所得に占める割合が100％の世帯」は**41.7％**となっている。

21　国民年金の保険料納付状況（「令和５年度の国民年金の加入・保険料納付状況」より）

令和５年度の最終納付率（令和３年度分保険料）は**83.1％**となり、令和４年度の最終納付率（令和２年度分保険料）から2.4ポイント**伸びて**いる。

また、令和５年度の最終納付率（令和３年度分保険料）を令和３年度の現年度納付率（令和３年度分保険料）と比較すると、9.2ポイントの上昇となっている。

<国民年金保険料の納付率の推移>

	現年度納付率	最終納付率
令和元年度分	63.3％	78.0％（令和３年度）
令和２年度分	71.5％	80.7％（令和４年度）
令和３年度分	73.9％	83.1％（令和５年度）
令和４年度分	76.1％	
令和５年度分	77.6％	

22　国民医療費（「令和４年度国民医療費の概況」より）

「**国民医療費**」は、当該年度内の医療機関等における保険診療の対象となり得る傷病の治療に要した費用を推計したものである。この費用には、医科診療や歯科診療にかかる診療費、薬局調剤医療費、入院時食事・生活医療費、訪問看護医療費等が含まれる。なお、保険診療の対象とならない評価療養（先進医療（高度医療を含む）等）、選定療養（特別の病室への入院、歯科の金属材料等）等に要した費用は含まない。

⑴　国民医療費の状況

令和４年度の国民医療費は**46兆6,967億円**、前年度の45兆359億円に比べ1兆6,608億円、3.7％の**増加**となっている。

人口一人当たりの国民医療費は**37万3,700円**、前年度の35万8,800円に比べ1万4,900円、4.2％の**増加**となっている。

国民医療費の国内総生産（ＧＤＰ）に対する比率は8.24％（前年度8.13％）となっている。

＜国民医療費の年次推移＞

	国民医療費	一人当たり国民医療費
令和２年度	42兆9,665億円（前年比3.2％減）	34万0,600円（前年比3.2％減）
令和３年度	45兆0,359億円（前年比4.8％増）	35万8,800円（前年比5.3％増）
令和４年度	46兆6,967億円（前年比3.7％増）	37万3,700円（前年比4.2％増）

⑵　**制度区分別国民医療費**

制度区分別にみると、公費負担医療給付分は３兆4,884億円(構成割合7.5％)、**医療保険等給付分**は21兆1,015億円（同45.2％）、**後期高齢者医療給付分**は16兆4,544億円（同35.2％）、患者等負担分は５兆6,524億円（同12.1％）となっている。

対前年度増減率をみると、公費負担医療給付分は5.3％の増加、医療保険等給付分は2.6％の**増加**、後期高齢者医療給付分は4.6％の**増加**、患者等負担分は4.2％の増加となっている。

⑶　**財源別国民医療費**

財源別にみると、公費は17兆6,837億円（構成割合37.9％）、そのうち国庫は11兆7,912億円（同25.3％）、地方は５兆8,925億円（同12.6％）となっている。**保険料**は**23兆3,506億円**（同50.0％）、そのうち**事業主**は10兆1,316億円（同21.7％）、**被保険者**は13兆2,189億円（同28.3％）となっている。また、その他は５兆6,625億円（同12.1％）、そのうち患者負担は５兆4,395億円（同11.6％）となっている。

⑷　**年齢階級別国民医療費**

年齢階級別にみると、0～14歳は２兆6,359億円（構成割合5.6％）、15～44歳は５兆7,317億円（同12.3％）、45～64歳は10兆2,140億円（同21.9％）、**65歳以上は28兆1,151億円**（同60.2％）となっている。

人口一人当たり国民医療費をみると、65歳未満は20万9,500円、**65歳以上**は**77万5,900円**となっている。

23　要介護（要支援）認定者（「令和４年度介護保険事業状況報告」より）

要介護（要支援）認定者（以下「認定者」という）数は、令和４年度末現在で**694万人**となっている。うち、第１号被保険者は681万人（男性213万人、女性468万人）、第２号被保険者は13万人（男性７万人、女性６万人）となっている。

うち、第１号被保険者については、65歳以上70歳未満は20万人（男性11万人、女性９万人）、70歳以上75歳未満は51万人（男性25万人、女性26万人）、75歳以上80歳未満は84万人（男性34万人、女性50万人）、80歳以上85歳未満は144万人（男性48万人、女性96万人）、85歳以上90歳未満は186万人（男性53万人、女性133万人）、90歳以上は196万人（男性42万人、女性154万人）となっている。

認定者を要介護（要支援）状態区分別にみると、要支援１：98万人、要支援２：96万人、要介護１：145万人、要介護２：116万人、要介護３：92万人、要介護４：89万人、要介護５：59万人となっており、軽度（要支援１～要介護２）の認定者が**約65.5％**を占めている。

24　社会保障給付費（「令和４年度社会保障費用統計」より）

⑴　社会保障給付費の状況

2022年度の社会保障給付費の総額は**137兆8,337億円**であった。新型コロナウイルス感染症対策関係費の減少により、前年度と比べ9,189億円、0.7％の減少となった。対ＧＤＰ比は24.33％であり、前年度に比べ0.73％ポイント減少した。

人口一人当たりの社会保障給付費は**110万3,100円**であり、前年度に比べ2,400円、0.2％の減少となった。

⑵　部門別社会保障給付費の状況

2022年度の社会保障給付費を「医療」、「年金」、「福祉その他」に分類して部門別にみると、「医療」が48兆7,511億円（総額に占める割合は35.4％）、「**年金**」が55兆7,908億円（同**40.5％**）、「福祉その他」が33兆2,918億円（同24.2％）である。

<社会保障給付費の推移>

	合計	医療	年金	福祉その他
令和2年度	132兆2,196億	42兆7,193億 (32.3%)	55兆6,336億 (42.1%)	33兆8,668億 (25.6%)
令和3年度	138兆7,526億	47兆4,205億 (34.2%)	55兆8,151億 (40.2%)	35兆5,169億 (25.6%)
令和4年度	137兆8,337億	48兆7,511億 (35.4%)	55兆7,908億 (40.5%)	33兆2,918億 (24.2%)

(3) 社会保障財源

2022年度の社会保障財源の総額は**152兆9,922億円**で、前年度に比べ10兆3,986億円、6.4%の**減少**となった。

社会保障財源を項目別にみると「**社会保険料**」が77兆2,894億円で、収入総額の**50.5%**を占める。次に「公費負担」が64兆2,172億円で42.0%を占める。

第２編

令和６年版労働経済白書（労働経済の分析）―人手不足への対応―

図表はすべて「令和６年版労働経済白書」から抜粋

2023年の我が国の雇用情勢については、経済社会活動が活発化する中で、人手不足感は全ての産業において感染拡大前の2019年よりも強まっている。ここでは、近年、人手不足が重大な社会問題となりつつあることを踏まえ、その長期的な動向や背景、人手不足緩和に向けて必要な取組等をテーマとして、様々な観点から分析を行った。

1 人手不足の背景

(1)　これまでの人手不足局面とその背景

「人手不足」とは、企業の生産活動にあたって必要な労働力を充足できていない状況を指し、この状況を判断するにあたっては、一般に、「有効求人倍率」や「完全失業率」が用いられる。「有効求人倍率」とは、ハローワークで受け付けた「求人数」と求職を申し込んだ「求職者数」の比率である。1を上回れば、企業が提出した「求人数」の総数が、登録された「求職者数」の総数を超えており、求職者一人に対して一つ以上の仕事の募集がある状態を示している。また、「完全失業率」とは、労働力人口に占める完全失業者の割合であり、働く意欲がある者のうち、仕事に就けておらず職探しを行っている者がどの程度かを示す指標である。

図１①により、過去半世紀における我が国の「人手不足」の状況を確認してみよう。同図(1)により、有効求人倍率の推移をみると、おおむね1970年代前半、1980年代後半～1990年代前半、2000年代後半、2010年代半ば以降の4期間において、有効求人倍率が１倍を超えている。特に、1970年代前半には1.76倍と2倍に迫る水準まで上昇したほか、2010年代後半にも1.61倍と1倍を大きく超える水準となった。同図(2)により、完全失業率の推移についてみると、経年的に上昇傾向にあるものの、有効求人倍率とはおおむね逆の動

きをしており、1970年代前半、1980年代後半～1990年代前半は1%ポイント程度、2010年代後半は2%ポイント強、それぞれ前後の期間に比べて低くなっている。同図(3)により、1984年以降の完全失業者に占める非自発的な離職割合をみても、完全失業率と同じく1980年代後半～1990年代前半及び2010年代後半において低下している。2000年代後半の非自発的な離職割合は低下しているものの高水準にとどまっている。同期間は1990年代後半以降続いた雇用環境の悪化の直後であり、2008年にリーマンショックが起こると、有効求人倍率や完全失業率、非自発的な離職割合等の雇用指標は軒並み悪化しており、2000年代後半の雇用情勢の改善は短期間だったことがうかがえる。

図1① 雇用情勢の推移

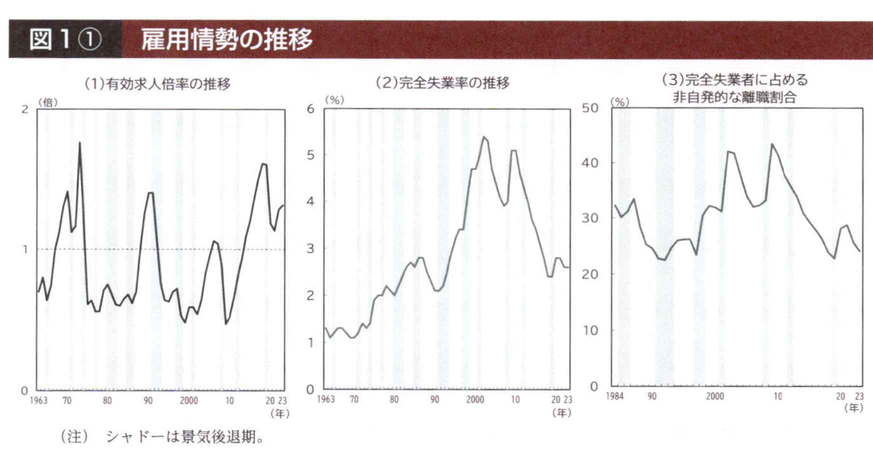

(注) シャドーは景気後退期。

企業の人手不足感についても確認してみよう。**図1②**による企業の雇用人員判断D.I.(雇用が「過剰である」と回答した企業の割合から、「不足している」と回答した企業の割合を引いたもの。0を下回れば、雇用が「不足している」と感じた企業の方が「過剰である」と感じている企業よりも多いことを示している)をみると、1970年代前半、1980年代後半～1990年代前半、2000年代後半、2010年代以降の4期間において、D.I.がマイナスとなっており、人手が「不足」と感じている企業は、「過剰」と感じている企業の割合を上回っていることが分かる。ただし、2000年代後半は、他の3期間と比較するとD.I.のマイナス幅が小さい。

図１②　雇用人員判断D.I.の推移

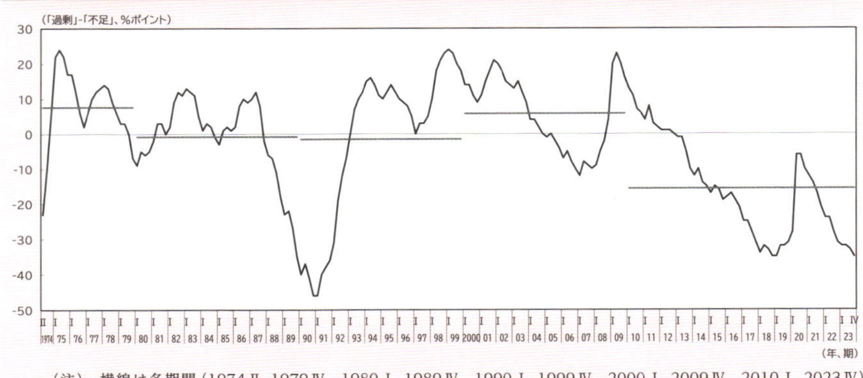

（注）横線は各期間（1974Ⅱ-1979Ⅳ、1980Ⅰ-1989Ⅳ、1990Ⅰ-1999Ⅳ、2000Ⅰ-2009Ⅳ、2010Ⅰ-2023Ⅳ）の平均値。

これらの指標の長期的な推移を踏まえ、以下においては、傾向の異なる2000年代後半を除き、1970年代前半、1980年代後半～1990年代前半、2010年代以降の３期間の人手不足について分析する。

まず、1970年代前半の状況については、1950年代から長期にわたる高度経済成長期の末期にあり、労働省（1973）が「景気が急速に上昇したため労働力需要が急増し」た結果、求人が大幅に増加し、「労働力需給は、過去にないひっ迫を示した」としているように、高い経済成長率による**労働力需要の増加**により、人手不足が生じていたことを指摘できる。**図１③**(1)は、1970年以降のＧＤＰ成長率を示したものであるが、これをみると、1973年には前年比**20％超**に

図１③　名目ＧＤＰ成長率、有効求人数増加率の推移

(1)名目GDP成長率の推移

(2)有効求人数増加率の推移

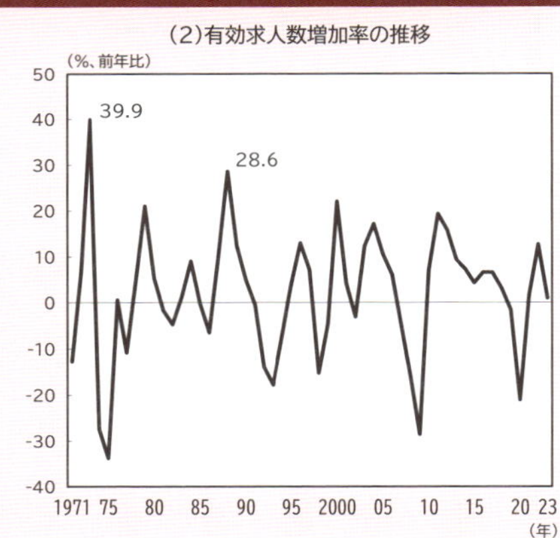

達している。また、同図(2)は、1970年以降の有効求人数の前年比をみたものであるが、1973年の有効求人数は前年よりも**約40％も増加**している。

次に、1980年代後半～1990年代前半をみてみよう。1980年代後半～1990年代前半における労働力需要の高まりの背景の一つは、製造業の影響の大きかった1970年代前半と比べて、**サービス産業化**が進んだ中で短期間で労働力需要が高まったことが指摘できる。**図1④**から、**第3次産業**がＧＤＰに占める割合の推移をみると、1970年の約53％から1990年には**約62％**と、生産活動に占める第3次産業の比率が大きく高まっている。サービス産業は雇用吸収力が高いことが知られており、こうしたサービス産業化の進展に伴って、企業が求める労働力が大きく増加したものと考えられる。

図1④　サービス産業化の進展と影響（ＧＤＰの構成割合）

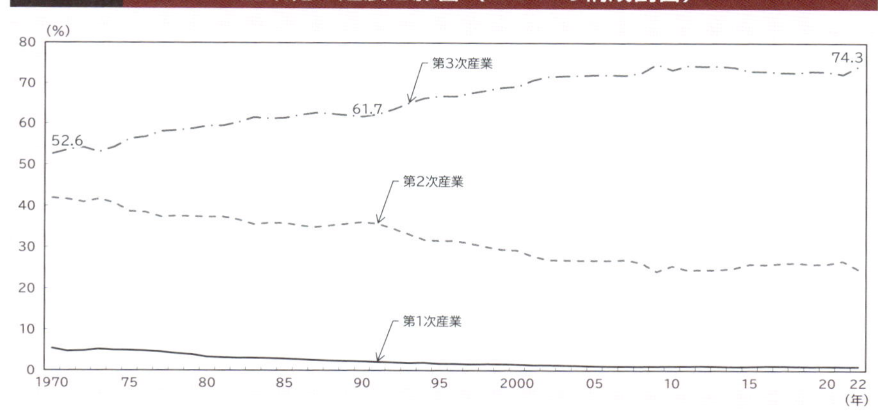

また、フルタイム労働者の**労働時間の短縮**が進んだことも影響したと考えられる。**図1⑤**(1)により、週当たり労働時間が35時間以上の労働者をフルタイム労働者とみなして、1990年の前後5年間の労働時間分布の変化をみると、第2次・第3次産業ともに、1990～1995年にかけて、フルタイムの中でも比較的労働時間が短い週35～48時間の者の割合が上昇し、週49～59時間、週60時間以上の者の割合が**低下**している。同図(2)により、フルタイム労働者に占める60時間以上の長時間労働者割合について1972年からの推移をみると、1975年に底を打ち、第2次・第3次産業ともに長時間労働者割合は高まっていたものの、労働力需給の引き締まりがみられ始めた1980年代後半から**大きく低下**に転じている。

図１⑤　労働時間の推移

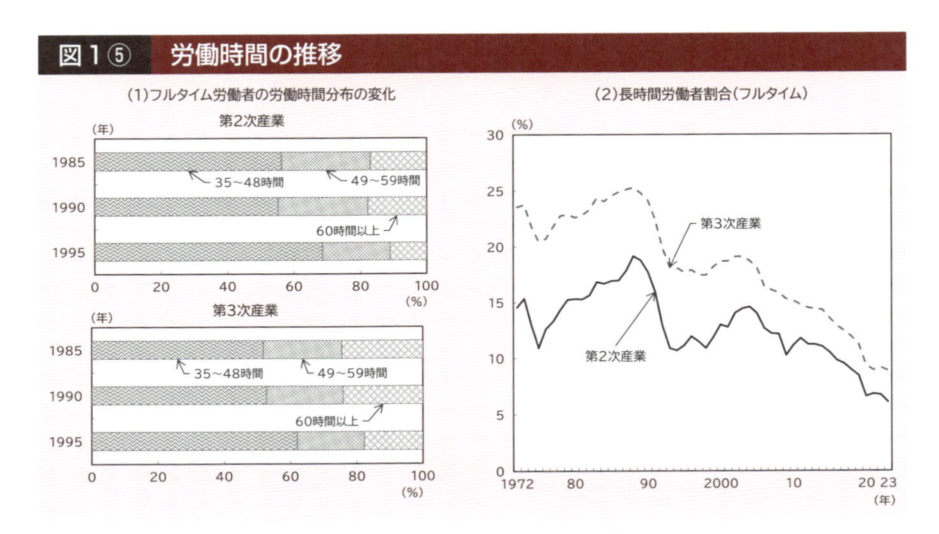

長期的にみると、サービス産業化が進展し時間短縮の動きが進む中で、不足した労働力供給に対応するため、第３次産業を中心に、企業は**パートタイム労働者**を多く雇用した。**図１⑥**(1)により、フルタイム・パートタイム労働者別に1973年を100とした時の雇用者数の推移をみると、第３次産業において、1990年代以降に急速にパートタイム労働者が**増加**している。また、同図(2)により、同時期の女性の非農林雇用者数の前年差をみると、1989～1991年において、いずれの年も年率４％程度、前年差80万人程度も増加しており、急速なパートタイム労働者の増加は**女性**が中心であったことが分かる。

図１⑥　パートタイム労働者の推移等

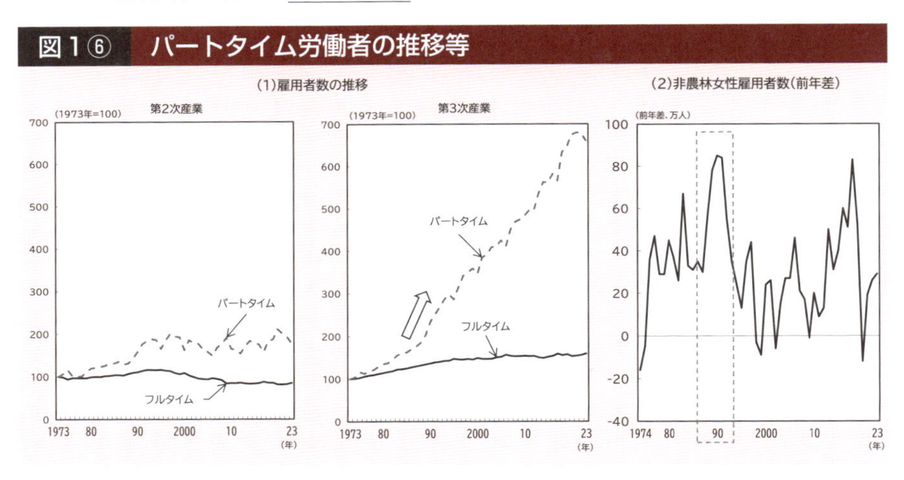

1990年代後半になると、**図1③(1)**でみたように、バブル崩壊後の経済活動の停滞の中で、経済成長率が鈍化し、0％近傍と極めて低い水準に落ち込む等、我が国は深刻な不況に突入した。雇用への影響は大きく、**図1①**でみたように、1993～2005年まで13年にわたり有効求人倍率は1倍を割り、2002年の完全失業率は調査開始以来過去最高の5.4％を記録するなど、2000年代後半の一時期を除いて、2010年代に至るまで雇用情勢は長期にわたり厳しい状況が続いた。

2010年代に入ると、雇用情勢は大きく反転した。**図1①(1)**が示すように、感染症による影響を受ける前の2019年には、有効求人倍率は1.60倍と、1980年代後半から1990年代前半までのバブル期最高水準の1.40倍を超えた。完全失業率は、2019年は2.4％、2023年でも2.6％と、バブル期最低の2.1％に近い水準まで低下しており、失業者に占める非自発的な離職の割合も、2019年にはバブル期並みの22.8％まで低下した。さらに、**図1②**が示すように、雇用人員判断D.I.は、バブル期に準ずる程度まで低下している。

こうした雇用情勢改善の背景には、まず、2010年代以降の**経済状況の好転**があげられる。**図1⑦**から、企業の付加価値額（人件費、支払利息等、動産・不動産賃借料、租税公課及び営業純益を足し上げたもの）の推移をみると、1985年度～1995年度まで大きく増加した後、1995年度～2013年度までほぼ横ばいで推移していたが、同年度以降には、再び増加トレンドに転じている。

図1⑦　企業の付加価値額の推移

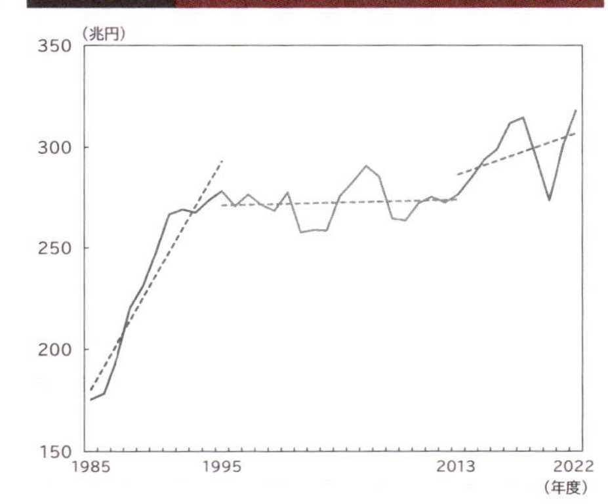

ただし、2010年代以降のＧＤＰ成長率はプラス成長となったものの、年平均１％弱と、1990年代以前に比べると低く、雇用情勢の改善には、経済の好転以外の要因も背景にあったと考えられる。このうち一つには、**サービス産業化**が一層進展したことがあげられる。**図1④**で既にみたように、第３次産業がＧＤＰに占める割合の推移は、1970年の約５割から、1990年には約６割と大きく上昇し、2022年には**約74％**に達している。こうした中で、**消費の増加**が**第３次産業の雇用**に及ぼす影響も高まっている。**図1⑧(1)**から、1990、2000、2015年の産業連関表を用いて、1兆円の消費の増加による雇用誘発効果をみると、いずれの産業も減少傾向で推移してい

るものの、全ての年で第３次産業における雇用者数の増加が最も多いことが分かる。同図(2)により、雇用者数の増加分に占める第３次産業の割合をみると、1990年には65％程度であったが、2015年には**80％弱**まで上昇しており、第３次産業の雇用の担い手としての存在感が更に増していることがうかがえる。

図１⑧　消費がもたらす雇用誘発効果

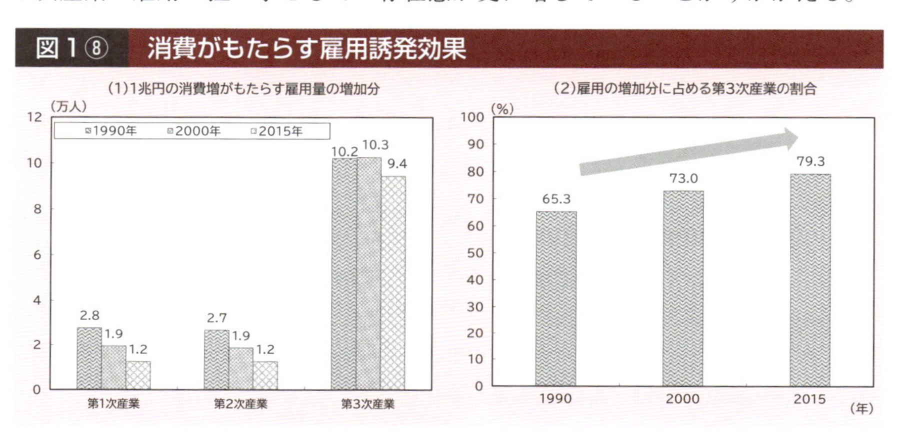

ここまでの分析については、労働力供給量を就業者数ベースでみているが、**労働時間でみた労働力供給量**はどのようになっているのだろうか。**図１⑨**(1)により、総労働時間の推移をみると、1970～1990年頃までは増加しているものの、それ以降では**減少傾向**で推移している。

1990年と2023年の総労働時間の変化を就業者数に一人当たり労働時間を乗じた面積で表したのが、同図(2)である。これをみると、男女計では、総労働時

図１⑨　総労働時間の推移

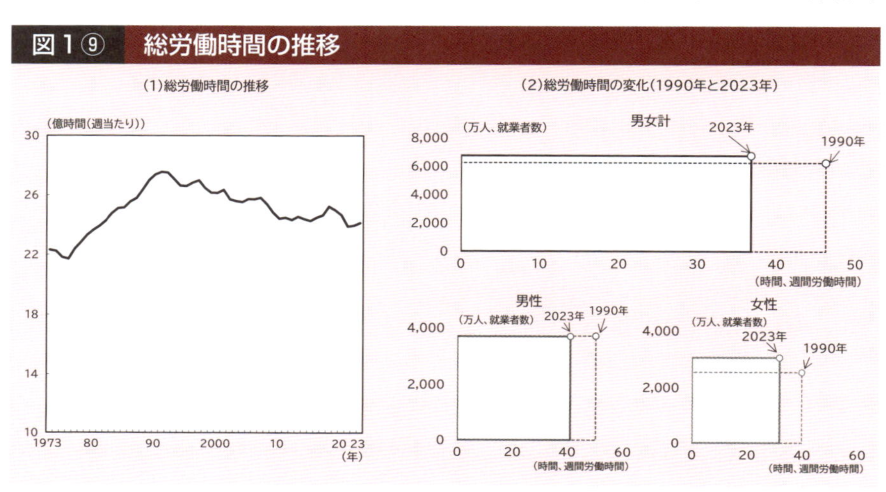

間が減少しているが、就業者数の増加以上に、平均労働時間の減少が影響していることが分かる。男女別にみると、男女ともに一人当たり労働時間が減少する中で、女性の就業者数は増加、男性は横ばいとなっている。このため、総労働時間については、女性はおおむね1990年と同程度である一方、男性が大きく減少する結果となっている。

(2) 2010年代以降の人手不足の現状

労働力需要と労働力供給の差を「労働力需給ギャップ」と定義して、その推移を確認する。具体的には、「企業が必要とする総労働力」を労働力需要と、「労働市場に参加している者が供給できる最大の総労働力」を労働力供給と定義し、それぞれ時間単位で計算した労働力供給から労働力需要を差し引いた「労働力需給ギャップ」を示す。

図1⑩により、2013年以降の我が国全体の労働力需要・労働力供給・労働力需給ギャップの推移をみてみる。2019年までは労働力供給がほぼ横ばいで推移しているが、労働力需要が増加し、労働力需給ギャップは、2017～2019年においてマイナスに転じている。これは、我が国において全ての求職者が就職しても、全ての企業が必要とする労働力需要より不足することを意味している。感染症の影響を受け2020～2021年ではプラスとなったものの、2022年以降、労働力需要が回復し、労働力供給の伸びを上回っており、労働力需給ギャップは再びマイナスに転じた。

図1⑩　労働力需要・供給、ギャップの推移

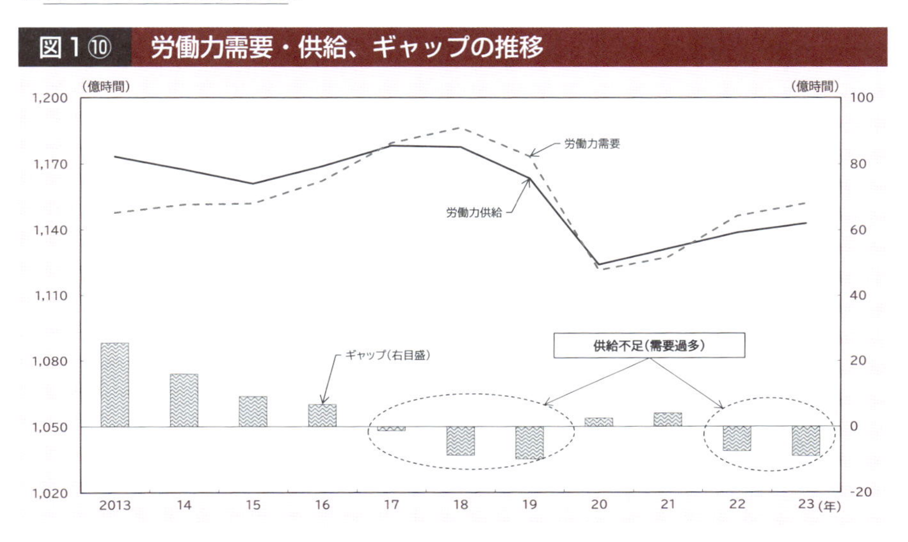

幅広い産業・職業で人手不足がある中で、労働移動にはどのような変化が生じているだろうか。**図１⑪**は、1,000人以上、100～999人、5～99人の企業規模間における2000年以降の転職率をみたものである。同図(1)から1,000人以上規模企業からの転職についてみると、同規模の企業への転職率が上昇しており、大企業間の転職は活発になっている。一方で、100～999人や5～99人規模の中小企業への転職率は１％程度まで低下している。同図(2)から、100～999人規模企業をみると、1,000人以上規模や100～999人規模の企業への転職率が2000年代と比べ上昇傾向にあり、前職以上に大きい規模の企業への転職が進んでいることが確認できる。同図(3)により、5～99人規模企業についてみると、一貫して同規模の企業への転職率が高いが、長期的に低下傾向にある。一方で、1,000人以上規模企業への転職率が上昇傾向にある。

図１⑪　企業規模間の労働移動

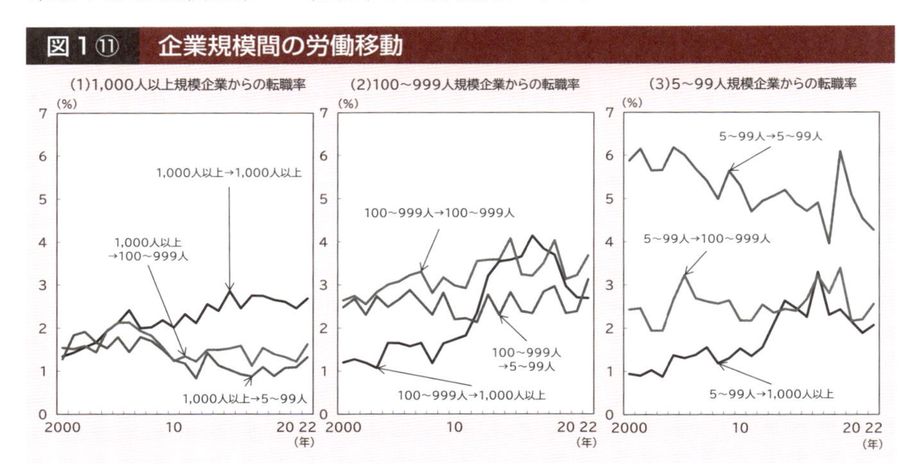

総じてみれば、2000年代と比べ、前職以上の規模の企業への転職は活発になる一方で、規模が小さい企業への転職は低調となっており、相対的に賃金などの労働条件が良く、福利厚生なども充実している大企業への労働移動が進んでいることがうかがえる。

2 人手不足への対応

(1)　誰もが活躍できる社会の実現

①潜在労働力の状況について

我が国において長期かつ粘着的な人手不足が生じており、広範な産業、職業、地域において労働力の供給不足が生じている。それでは我が国において労働力供給増加の余地はどれほどあるのだろうか。就業していない層を、①**就業希望のない無業者**、②**求職活動はしていないが就業希望のある無業者**、③**求職者**に大別して確認しよう。

まず、最も人数の多い①就業希望のない無業者（在学者を除く）についてみてみる。**図2①**で確認すると、2022年時点で**約3,000万人**近くが無業者であり、年齢に限らず総じて**女性**が多い。年齢別にみると、男女合わせて、60～69歳が440万人、70歳以上が2,100万人と大半を占めているが、59歳以下でも350万人ほどとなっている。就業を希望しない理由としては、「**病気・けが・高齢のため**」が、男女ともに60～69歳の5割弱、70歳以上の8割強と最も多い。

一方で**59歳以下の女性**の**約4割**に当たる約100万人が、「**出産・育児・介護・看護・家事のため**」に無業かつ就業希望なしとなっているが、同年代の男性は僅かにとどまる。育児や家事、介護の負担が女性に偏っていることが、女性の就労への希望を失わせている可能性が示唆される。

図2①　就業希望のない無業者を取り巻く状況

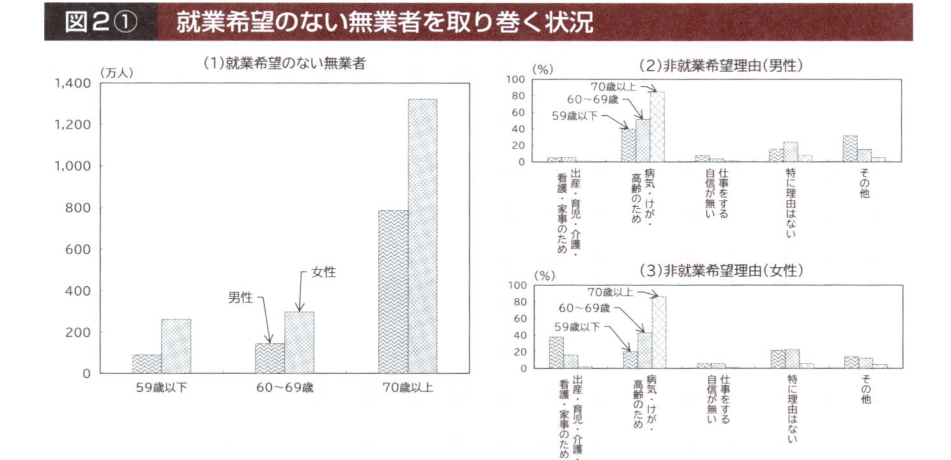

次に、②就業希望はあるが求職活動を行っていない無業者についてみてみる。**図2②**をみると、就業希望があるものの求職活動を行っていない無業者は**約460万人**となっている。年齢別にみると、**59歳以下**が多く、**女性**は200万人近くに及ぶ。求職活動を行っていない理由をみると、「病気・けが・高齢のため」が、高年齢層を中心に多く、男性では60万人程度、女性では70万人程度である。「**出産・育児・介護・看護のため**」は59歳以下の女性が60万人程度と最も多い。

図2②　就業希望はあるが求職していない無業者を取り巻く状況

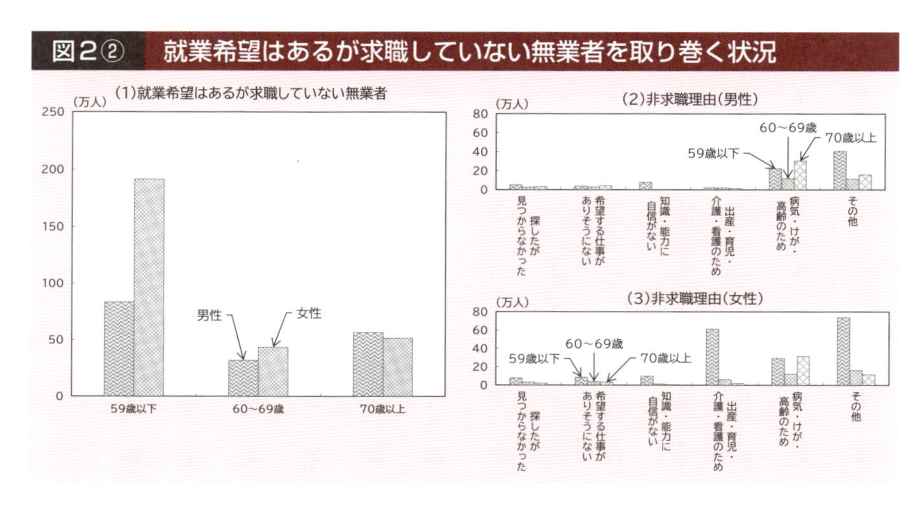

最後に、③求職者の状況についてみてみよう。**図2③**によると、無業の求職者は**約320万人**であり、**59歳以下**は**約８割**と、就業希望のない無業者と比較して若い層が多くを占めている。求職期間別にみると、59歳以下では、求職期間が１年以上の男性が約３割、女性でも約２割に達しており、失業期間が長期にわたる求職者が100万人近くいる一方で、求職期間が１か月未満の短期の求職者も男性で約３割、女性で約４割を占めており、求職の状況が二極化している可能性がある。長期の求職者の割合は60～69歳、70歳以上では高い水準にあり、年齢が高いと就業が難しい状況がうかがえる。

図2③　求職者を取り巻く状況

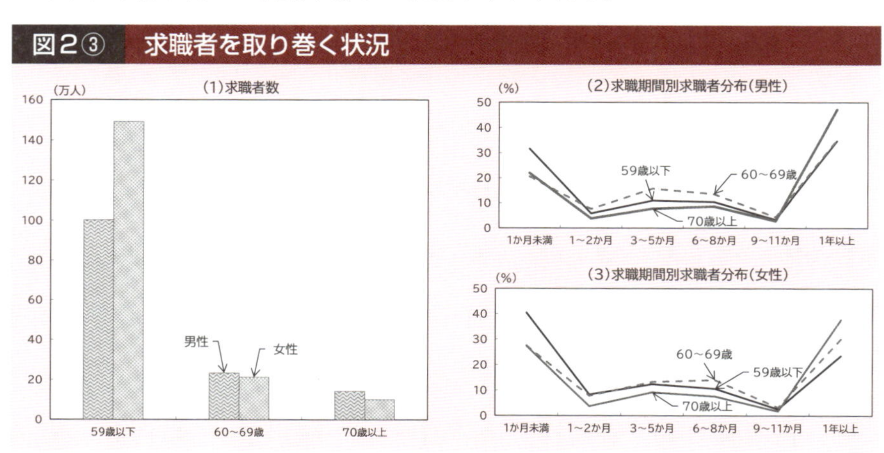

ここまでは労働者数に着目したが、労働力供給を考える上では、労働時間も重要である。**図2④**⑴から、**継続就業希望者**[*1]の労働時間の希望を正規・非正

規雇用労働者別にみると、正規雇用労働者では、労働時間を「増やしたい」が約100万人、「減らしたい」が約650万人と減少希望が多い。非正規雇用労働者では様相が異なり、労働時間を「増やしたい」が約190万人に対し、「減らしたい」は約110万人となっている。

＊1 現在就いている仕事を今後も続けていきたいと思っている者のうち、「追加就業希望者」に該当しない者をいう。

また、同図(2)から、追加就業希望者＊2についてみると、正規雇用労働者では約280万人、非正規雇用労働者では約180万人と、その合計は約460万人である。

＊2 現在就いている仕事を続けながら、別の仕事もしたいとしている者をいう。

図2④ 希望労働時間別正規・非正規雇用労働者数

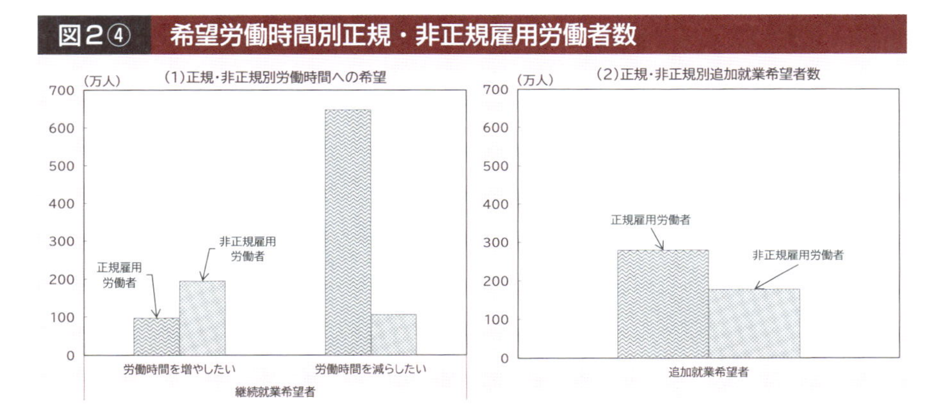

②女性の活躍推進について

図2⑤(1)から、年齢別に女性の正規雇用比率をみると2023年においては全ての年齢階級で上昇している。若い世代において特にその傾向がみられるものの、年齢があがると正規雇用比率が低下する傾向が引き続き見受けられる。年齢と正規雇用比率の関係の背景には、2000年代頃までは出産等を機に退職した正規雇用の女性の多くが、復職にあたって家事･育児等への負担等から、パート・アルバイトを選ぶことも多いことが考えられる。同図(2)から正社員の就業継続率をみると、2000年代では就業を継続した正規雇用の女性の割合は50～60％程度と半分程度であり、多くの正規雇用で働いていた女性が就業を断念したことが確認できる。一方、2015～2019年に第1子を出生した正規雇用の女性では、80％超が出産後も就業継続し、このうち多くが育児休業を取得している。

図2⑤　女性を取り巻く就業の状況

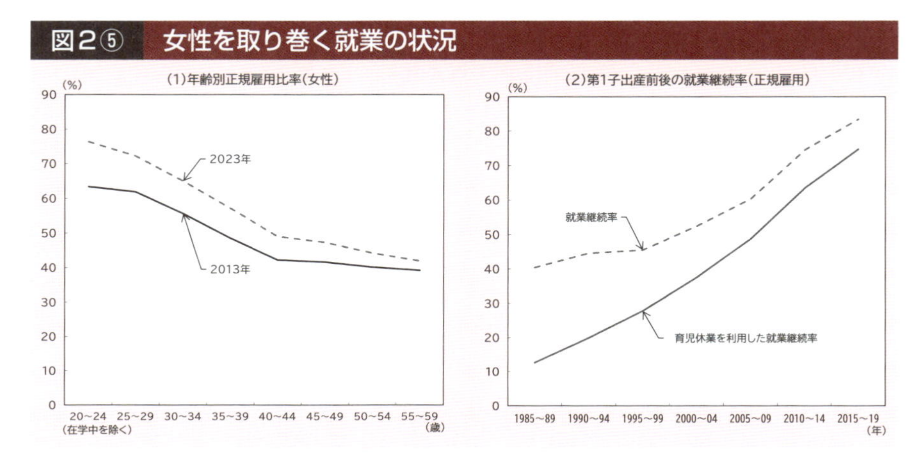

出産・育児によるキャリアの中断があったとしても、育児が一段落したときに正規雇用として復帰することができれば、年齢があがっても正規雇用の割合は下がらないと考えられる。**図2⑥**により年齢別に非労働力・失業から正規雇用、または非正規雇用への女性の移行確率を比較すると、どの年齢層であっても、非労働力・失業から**非正規雇用**への移行確率が、正規雇用への移行確率よりも高く、非労働力・失業からの就業参加は、主に非正規雇用が中心であることが分かる。特に15～34歳女性においてみられる非労働力・失業から非正規雇用への移行確率の大幅な上昇は、女性の就業率の上昇に寄与したものと考えられる。加えて、15～34歳、35～54歳の女性では、非労働力・失業から正規雇用への移行確率も上昇傾向を示しており、近年では、正規雇用へ移行しやすくなっていることがうかがえる。

図2⑥　非労働力・失業からの就業形態別の移行確率（女性）

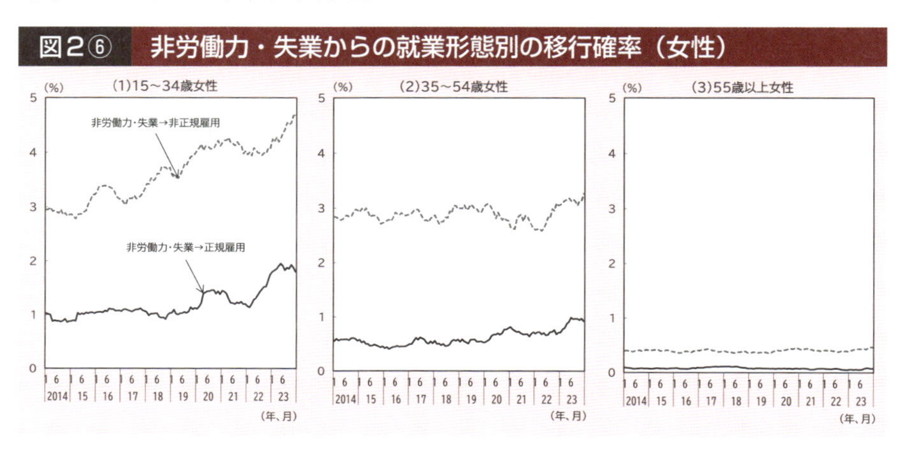

③高齢者の活躍推進について

図２⑦により長期的な高齢者の就業率の推移をみると、1970年代～2000年代までは低下傾向だったが、高年齢者雇用安定法の改正による定年年齢の引上げ等もあり、2000年代後半で反転している。2023年には、60～64歳の就業率は70％を超え、65～69歳の就業率も50％超で、この半世紀で最高水準となった。70歳以上の就業率についても、2013年の13％から2023年には18％と、5％ポイント上昇している。

図２⑦　高齢者の就業率の推移

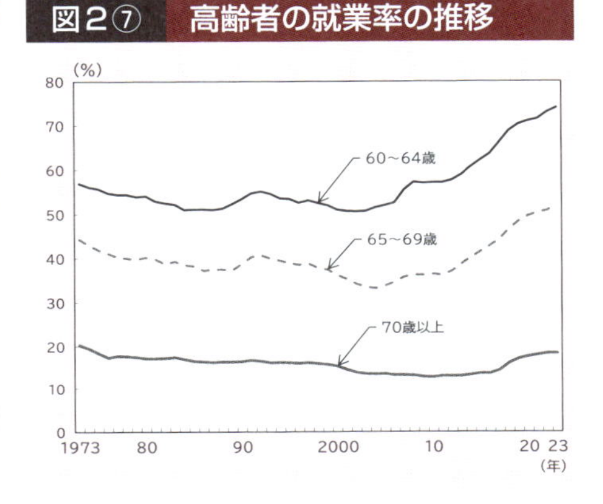

図２⑧では、2018～2022年における就業率を年齢ごとに正規雇用、非正規雇用、その他（自営業等）の三つに分解した。60歳を境に、男女ともに正規雇用での就業率が低下し、非正規雇用での就業率が大きく上昇している。

図２⑧　年齢別就業率の内訳（正規雇用・非正規雇用・その他）

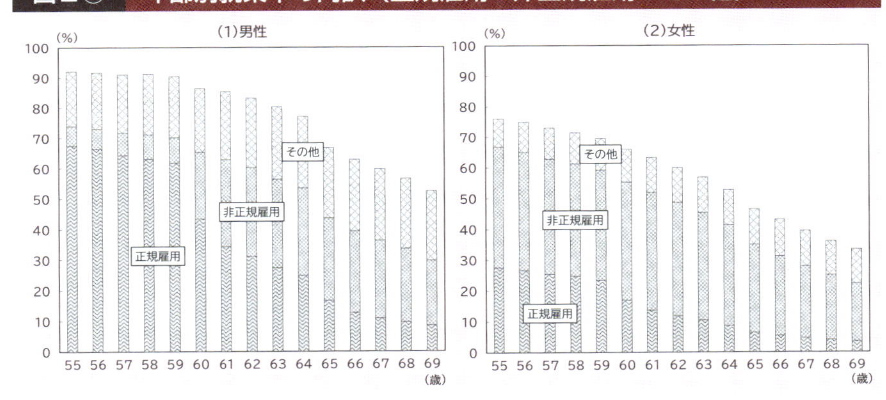

(2)　介護分野における人手不足の状況

ここでは、人手不足が深刻であり、かつ、国民生活に密着している分野として、介護分野と小売・サービス分野に着目して、それぞれの分野における事業所等への調査を活用して分析を行う。

まず、介護分野については、（公財）介護労働安定センターが毎年実施している「介護労働実態調査」のうち、2015～2022年のものを用いて分析する。まず、人手不足の状況について確認しよう。**図２⑨**に、法人規模別・地域別の介護職員等の人手不足D.I.を示しているが、これは「人手が過剰である」と回答した事業所の割合から、「人手が不足している」と回答した事業所の割合を差し引いたものである。これによると、総じて、人手不足が強い傾向にあり、法人規模別にみると、**100人以上**の大きい事業所において人手不足感が強いことが分かる。法人規模が100人未満の事業所の人手不足感は若干弱いものの、2015年の水準よりもマイナス幅が広がっており、100人以上規模事業所の人手不足感の水準に近づいていることが分かる。また、地域別にみると、**「政令指定都市、東京23区」**の方が「それ以外」の地域と比べて介護事業所における人手不足感は強くなっている。全体の求人数が多く、相対的に賃金が高い産業や職種とも競合しやすい都市部において人手不足感が強いことがうかがえる。

図２⑨　介護分野を取り巻く人手不足の状況

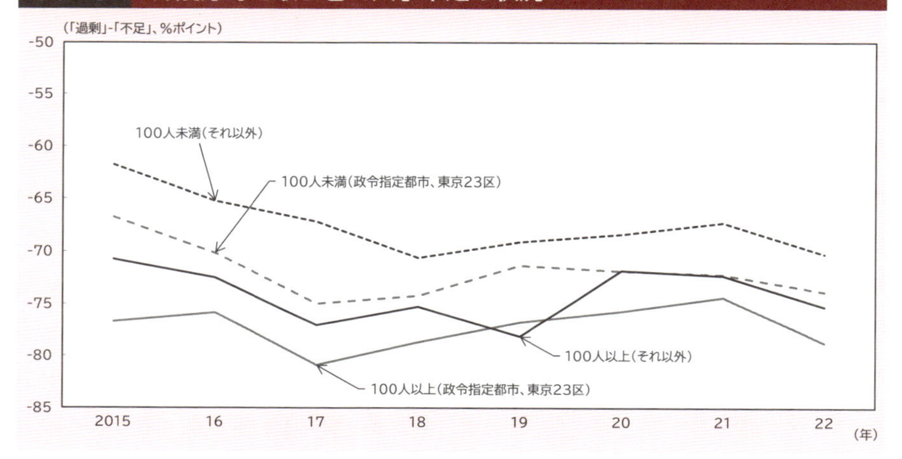

介護事業所における**入職率**と**離職率**についても確認してみよう。**図２⑩**をみると、全ての地域・法人規模において、長期的に入職率も離職率も**低下**していることが分かる。離職率の低下については、各事業所での人材流出防止のための取組の進展が背景にあるものと考えられるが、同時に入職率も低下している。法人規模別にみると、離職率の水準は大きく変わらないものの、入職率は法人規模100人未満の事業所で高い一方で、**100人以上**で**低い**傾向がみられる。こうした入職率の低さが、法人規模100人以上における深刻な人手不足感につながっているものと考えられる。地域別にみると、**「政令指定都市、東京23区」**

ではその他の地域と比較して入職率も離職率も高くなっている。

図2⑩ 介護事業所の入職率・離職率の推移

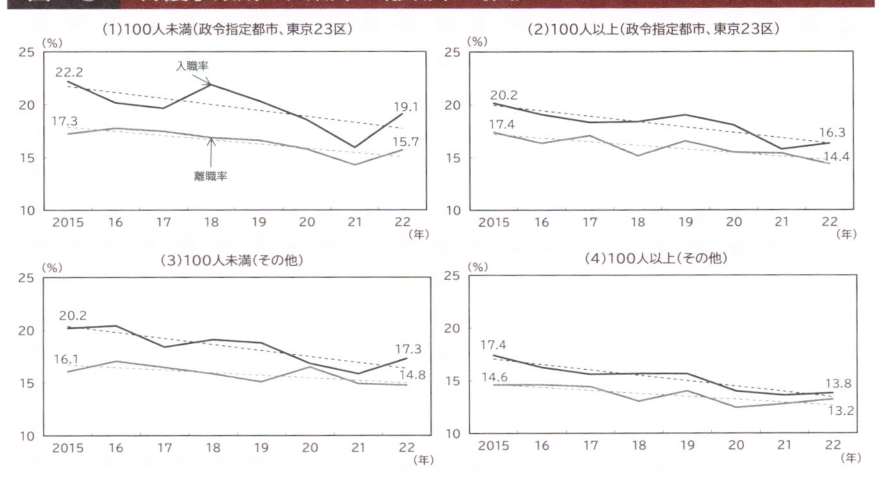

(3) 小売・サービス分野における人手不足の状況

本節では、生活に密接に関わる小売・サービス分野に焦点を当てて分析を行うこととする。

まず、**図2⑪**(1)により、2023年12月末時点の人手不足の状況をみると、「人手不足」と回答した事業所（以下「人手不足事業所」という）の割合は、正社員、パート・アルバイトともに**5割を超えて**いる。一方、人手が「適正」であると回答した事業所は4割程度であり、「適正」よりも「不足」と回答した事業所の方が多い。

次に、同図(2)により、人手不足事業所における不足状況の見通しを確認する。調査では、人手不足事業所のうち、正社員、パート・アルバイト別に、一過性の不足（数年程度で解消する一時的な不足）か、構造的な不足（当面解消しない不足）かを確認している。パート・アルバイトが不足している事業所については、「構造的な不足」とする事業所は半数程度にとどまるが、正社員不足の事業所のうち、「**構造的な不足**」とする事業所は**7割近く**に及ぶ。同図(3)により、従業員の不足度をみると、正社員、パート・アルバイトともに、ほとんどの事業所で、「不足感なし」か「10％未満」であるが、「**10％以上**」**正社員**が不足する企業も2割超となっており、正社員の不足に直面する事業所が一定程度存在していることが分かる。

図２⑪　小売・サービス分野における人手不足の現状

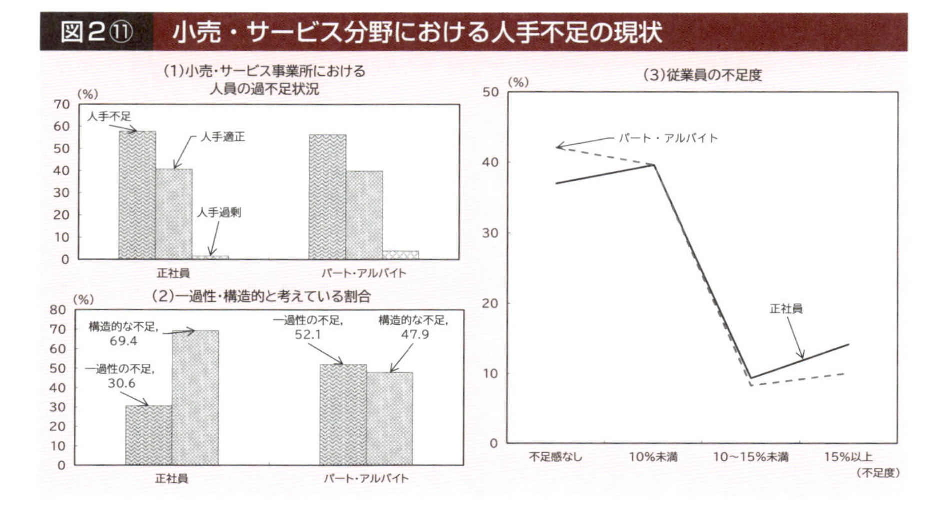

人手不足の要因を確認するため、事業所を正社員、パート・アルバイト別に「人手不足事業所」と「人手適正・過剰事業所」に分けて、それぞれの傾向や特徴を分析していく。

まず、**図２⑫**から、人手不足事業所と、人手適正・過剰事業所における**入職率**と**離職率**の関係をみてみよう。ここでは、過去６か月における正社員とパート・アルバイトの入職率及び離職率の分布を示している。総じてみると、**人手不足事業所**の方が、入職率、離職率ともに**高い**傾向にあり、職員の入れ替わりが多いことが分かる。

同図⑴から、正社員の入職率の分布についてみると、人手適正・過剰事業所において、「入職者はいない」と回答している割合が人手不足事業所よりも10％ポイント程度高くなっているものの、両者で大きな差はみられない。一方で、同図⑵から、正社員の離職率の分布についてみると、人手適正・過剰事業所の方が「**離職者がいない**」割合が25％ポイント近く高いことが分かる。これらから考えると、正社員の不足は、入職よりも離職によって差が生じやすいことや、労働者の定着度が高く離職が少ない事業所は、欠員補充のための新たな募集の必要性もなく、人手不足となりにくいことが示唆される。

同図⑶⑷からパート・アルバイトの状況についてみると、状況がやや異なる。「入職者はいない」「離職者はいない」とする割合は、人手適正・過剰事業所では、正社員の場合と大きな差がなく、パート・アルバイトにおいても定着度が高い状況がうかがえる。一方、人手不足事業所は、「入職者はいない」が**２割程度**

にとどまっており、パート・アルバイトの入職率も離職率も、人手適正・過剰事業所よりも顕著に高い。人手不足事業所と人手適正・過剰事業所を比べると、パート・アルバイトでは、正社員に比べても、差が大きいことがうかがえる。

こうしてみると、人手不足の解消に向けては、入職率をあげること以上に、労働者が定着するような環境づくり等を通じて、人材の定着を図ることが重要であることが分かる。

図2⑫ 小売・サービス事業所の人手不足と入職率・離職率の関係

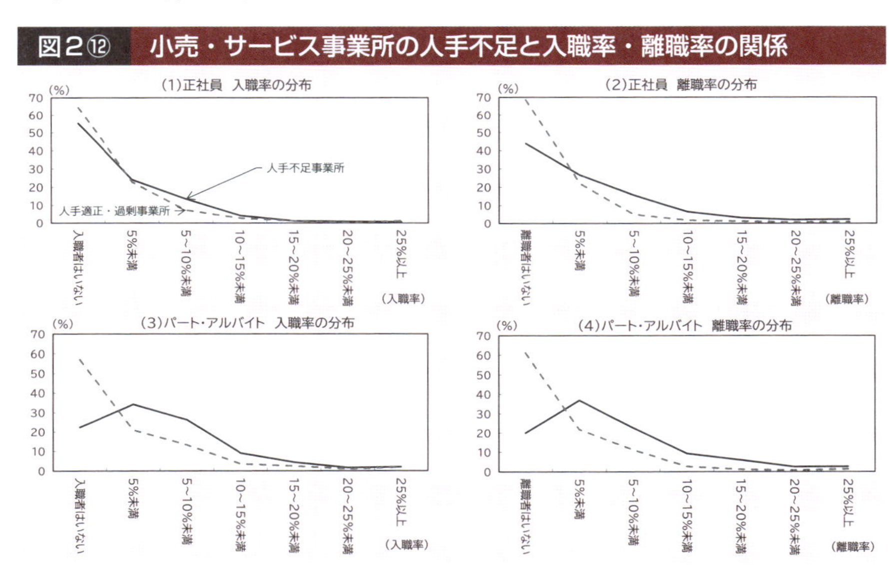

第３編

令和６年版厚生労働白書
―こころの健康と向き合い、
健やかに暮らすことのできる社会に―

図表はすべて「令和６年版厚生労働白書」から抜粋

こころの健康を保持するためには、可能な限りこころの不調を抱えないことが重要である。しかしながら、こころの不調を抱える人の事情は個々に異なっており、その人を取り巻く状況も多様であることに留意する必要がある。実際に、**精神障害**は、部位や原因によって分類されることが多い身体の病気とは異なり、おもに脳というひとつの臓器を対象にしており、原因が分かっていない疾患が多いという特徴がある。こうしたことを前提に、本白書では、精神障害の発病に至る原因の有力な考え方として「**ストレス**」に着目し、現代社会にみられる様々なストレス要因とその実情等を整理している。

1 こころの健康を取り巻く環境とその現状

(1)　こころの健康を取り巻く社会環境とその変化

①ライフステージにおけるストレス

我が国の雇用者の世帯構成をみると、1985（昭和60）年以降、男性雇用者と無業の妻からなる世帯数は減少傾向となっており、**妻がパートタイム労働者**（週35時間未満就業）**の世帯数**は、約200万世帯から**約700万世帯**に**増加**している。また、**妻がフルタイム労働者**（週35時間以上就業）**の世帯数**は、**400万～500万世帯**と横ばいで推移している（**図表①**）。

他方で、総務省「社会生活基本調査」によると、我が国の共働き世帯（６歳未満のこどもを持つ夫婦とこどもの世帯）の育児時間は、夫婦ともに経年的に増加しているものの、**妻**のほうが夫よりも長く、2021（令和３）年においては、妻が**３時間24分**に対し、夫が１時間３分であった。

共働き世帯においても、依然女性の方がより多くの時間を育児に充てており、また、仕事をしている女性の「仕事のある日」の育児時間が長くなることが、生活の質を下げることにつながっている可能性があると考えられる。

図表① 共働き等世帯数の推移

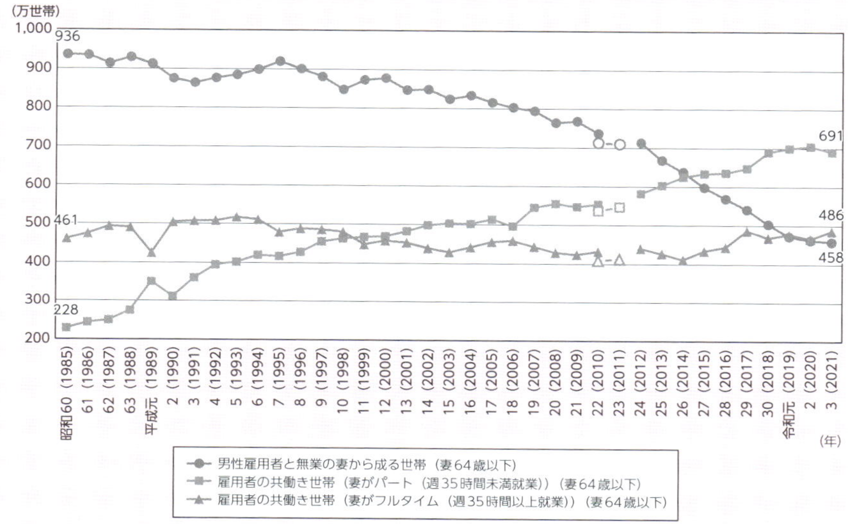

（備考）平成22年及び23年の値（白抜き表示）は、岩手県、宮城県及び福島県を除く全国の結果。

我が国の**要介護（要支援）認定者数**は、**増加**が続いている。厚生労働省「介護保険事業状況報告」によると、2021（令和３）年度の認定者数は、2000（平成12）年４月の介護保険法の施行当初と比較すると**約2.7倍**の約690万人にのぼっている。

また、厚生労働省「国民生活基礎調査」によると、2022（令和４）年における要介護（要支援）者の「**主な介護者**」は、**同居・別居の家族**である割合が６割近くにのぼっている（**図表②**）。家族が主たる介護者である割合は、2019（令和元）年の前回調査から１割程度減少しているものの、依然として家族が主たる介護者であることが分かる。

さらに、総務省「就業構造基本調査」によると、2022（令和４）年に15歳以上の人で介護をしている人は約629万人おり、このうち**６割近く**を**有業**の人が占めている（**図表③**）。

図表②　「要介護者等」からみた「主な介護者」の続柄別構成割合

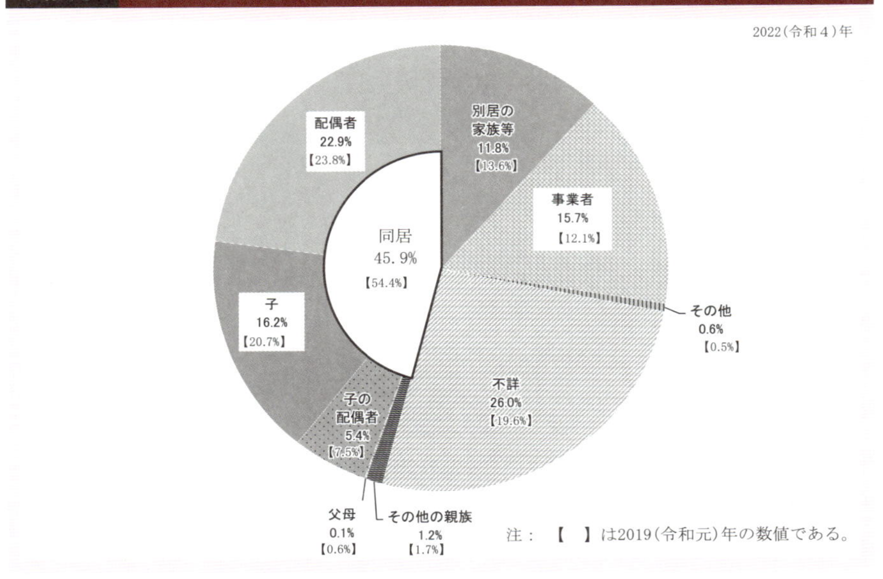

図表③　介護をしている者の数と有業者の割合の推移

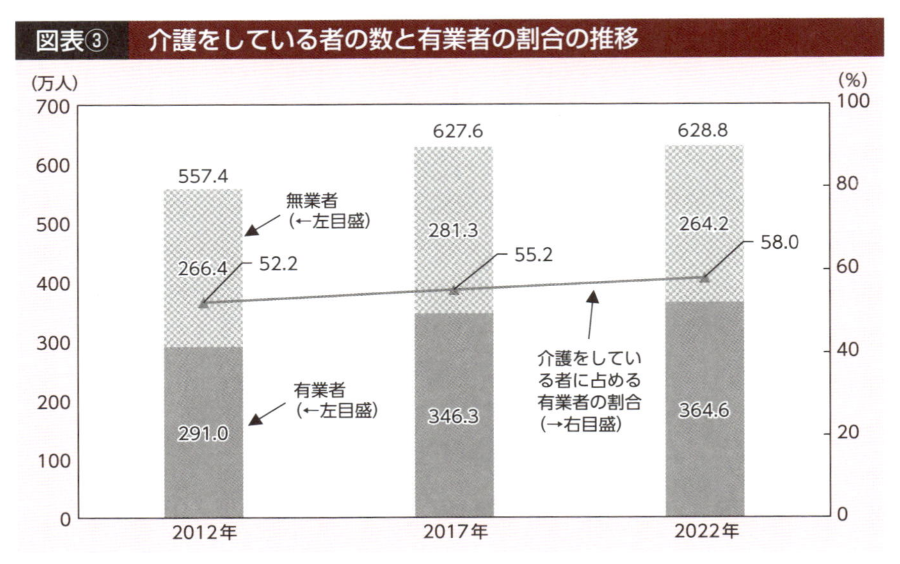

在宅介護をめぐる状況にも変化が生じつつある。厚生労働省「国民生活基礎調査」によると、2000（平成12）年４月の介護保険法の施行当初と比較すると、要介護（要支援）者のいる世帯では、単独世帯が大きく増加し、夫婦のみの世帯も増加している。

この傾向は、介護をする家族の高齢化を示唆している。実際に、在宅の要介護（要支援）者と同居の主な介護者の年齢の組み合わせをみると、60 歳以上同士の割合は過去 20 年間で 20 %ポイント以上増加し、8 割近くに達しており、さらに 75 歳以上同士の割合も 3 割を超えるなど、いわゆる老老介護の増加にも留意する必要がある（**図表④**）。

図表④ 「要介護者等」と「同居の主な介護者」の年齢組み合わせ

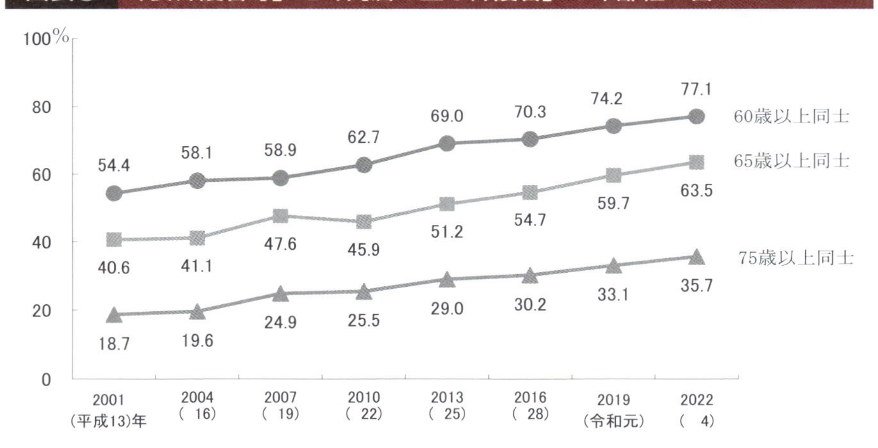

次に、介護者の悩みやストレスをみると、悩みやストレスがあると回答した人は全体の 7 割近くに達しており、なかでも家族の病気や介護に関するものが突出して高い（**図表⑤**）。また、家族との人間関係や経済的な不安、自分自身の健康や自由にできる時間のなさについても、悩みやストレスの原因に挙げられており、こうした複合的なストレスは、在宅介護をめぐる近年の世帯構造の変化とも無関係ではないだろう。

図表⑤ 同居の主な介護者の悩みやストレスの原因

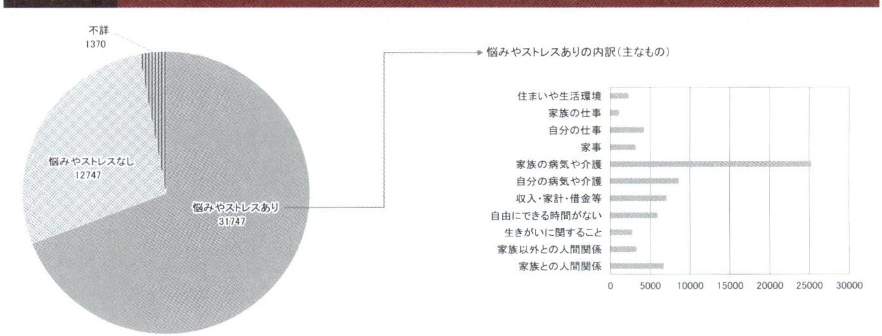

②働く環境

こころの健康は、「人生のストレスに対処しながら、自らの能力を発揮し、よく学び、よく働き、コミュニティにも貢献できるような、精神的に満たされた状態」であり、壮年期・中年期においては、「働きがい」と「働きやすさ」が実現できる職場環境は、こころの健康を高め、支える観点からも重要であるといえる。

厚生労働省「労働安全衛生調査（実態調査）」によると、仕事や職業生活に関することで強い不安、悩み、ストレスを感じている労働者の割合は、2022（令和４）年は82.2％であった。

ストレスの内容を年代別にみると、20歳未満から40歳代までは、「**仕事の失敗、責任の発生等**」が最も高く、次いで「仕事の量」となっている。一方、50歳代は「**仕事の量**」が最も高く、次いで「仕事の失敗、責任の発生等」が高くなっている（**図表⑥**）。

図表⑥　年齢階級別にみた仕事や職業生活に関する強い不安、悩み、ストレスの内容別労働者割合（主なもの３つ以内）

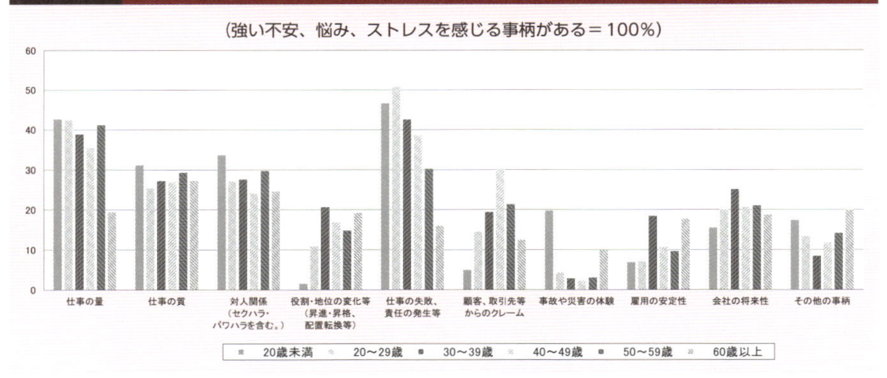

また、就業形態別にみると、正社員は「仕事の量」、「仕事の失敗、責任の発生等」の順に高くなっているが、契約社員や派遣労働者では「**雇用の安定性**」の割合が高い傾向があり、特に派遣労働者では突出して最も高い（**図表⑦**）。

図表⑦ 就業形態別にみた強い不安、悩み、ストレスの内容別労働者割合（主なもの３つ以内）

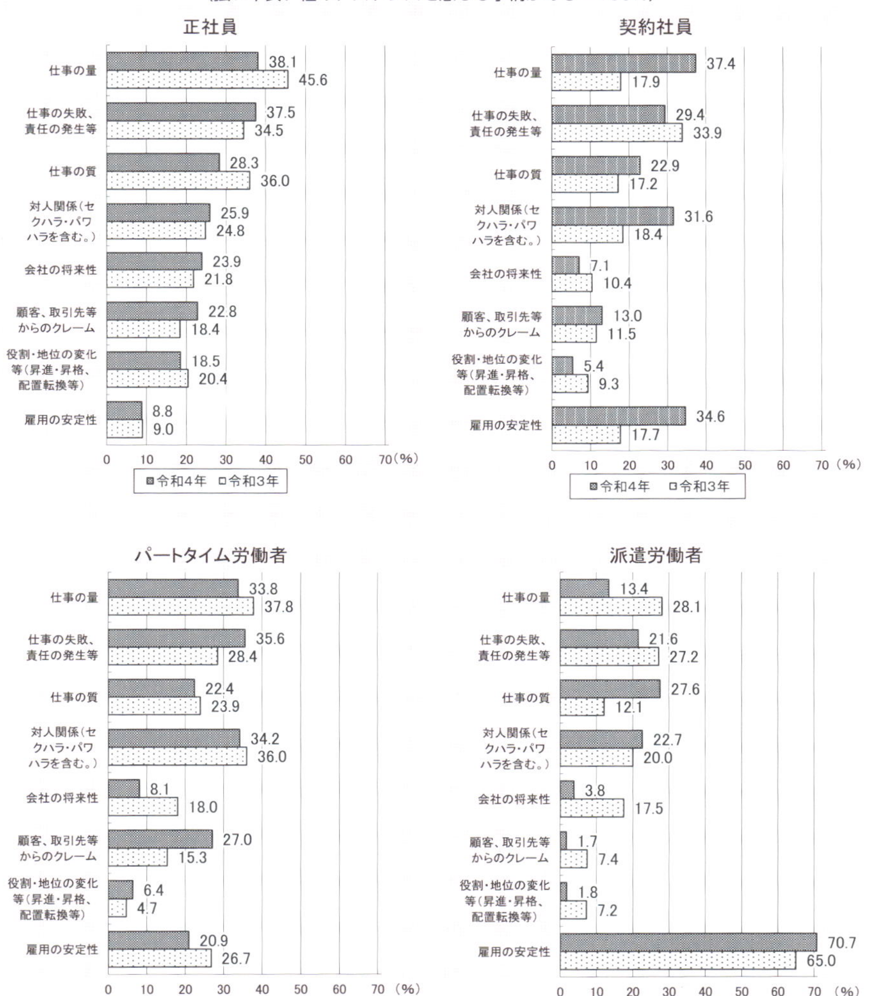

職場環境においてこころの健康に大きな影響を与えるリスクとして、**ハラスメント**の問題がある。2022（令和４）年度に都道府県労働局雇用環境・均等部（室）に寄せられた**パワーハラスメント**の相談件数は、**50,840件**であった。

一方、2022（令和４）年度のセクシュアルハラスメントの相談件数は、6,849

件、妊娠・出産等に関するハラスメントの相談件数は1,926件となっており、いずれも2021（令和３）年度より減少傾向にある。

また、企業に対して行ったハラスメントの発生状況等に関する調査によると、過去３年間に各ハラスメントの相談があったもののうち、企業が「実際にハラスメントに該当する」と判断したものの割合は、「**顧客等からの著しい迷惑行為**」（86.8％）が最も高く、「セクハラ」（80.9％）、「パワハラ」（73.0％）が次いで高くなっている。このうち「顧客等からの著しい迷惑行為」は、過去３年間で該当件数が増加していると答えた企業の割合も最も高かった（**図表⑧**）。

図表⑧　過去3年間のハラスメント該当事例の有無（ハラスメントの種類別）

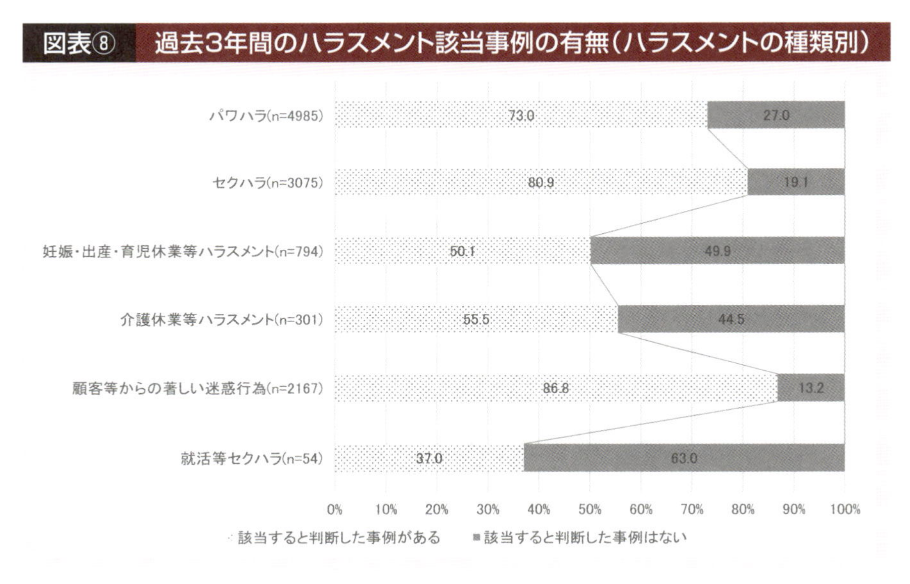

内閣官房が2020（令和２）年度に行った「フリーランス実態調査」によると、我が国で**フリーランス**として働いている人は、本業と副業を含め、**462万人**と試算されている。同調査によると、今後もフリーランスとして働きたいと回答した人は８割近くに達している。フリーランスという働き方を選択した理由については「自分の仕事のスタイルで働きたいため」と回答した人が６割近くと最も多く、自分自身で仕事の進め方などを自由に決めることができる点がフリーランスという働き方の大きな魅力になっていることがうかがえる。

そうしたなか、フリーランスとして働く人に対する仕事の依頼者等からのハラスメントについても報告されている。内閣官房ほかが2022（令和４）年度に行った「フリーランス実態調査」によると、仕事の依頼者等からハラスメントを受けたことがあると回答した人は10.1％となっており、パワハラ（身体的な攻撃、精神的な攻撃、業務の過大・過小な要求、人間関係からの切り離し、個の侵害）が最も多く、セクハラがこれに次いで多くなっている。

ハラスメントの行為者について尋ねた結果では、いずれのハラスメントについても「発注者」が最も多く、ハラスメント行為に対して「やめるように申し入れた」と答えた人よりも「特に何もせず、そのまま取引を継続した」と答えた人が多く、なかには「心身に不調や病気を発症した」と答えた人もみられた。

(2) こころの健康が損なわれると

職場において労働者の安全や健康が損なわれると、仕事を原因とする負傷や病気といった労働災害につながる場合がある。仕事が原因で精神障害を患ったとして労災保険の請求が行われた件数は、2012（平成24）年度から2022（令和4）年度の過去10年間で２倍以上の大きな伸びをみせている。また、精神障害の原因が仕事であると認定し労災保険給付を行った件数（支給決定（認定）件数）でみても、2022（令和4）年度は710件であり、過去最多となっている（図表⑨）。

図表⑨　精神障害の労災請求件数と支給決定（認定）件数

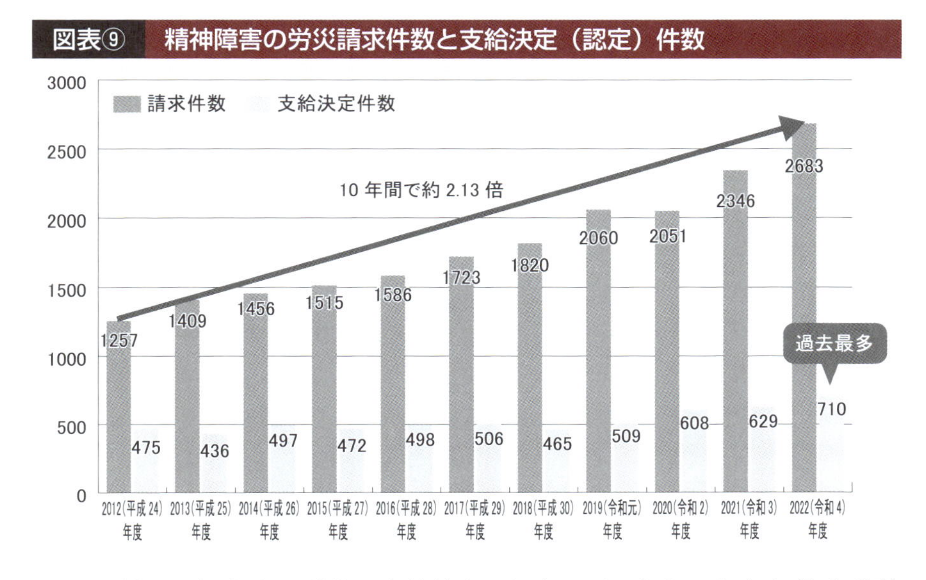

2022（令和4）年度の労災認定件数を、認定の原因となった出来事（要因）別にみると、「上司等から、身体的攻撃、精神的攻撃等のパワーハラスメントを受けた」が147件と最も多く、次いで「悲惨な事故や災害の体験、目撃をし

た」が89件、「仕事内容・仕事量の（大きな）変化を生じさせる出来事があった」が78件となっている。

主に中小企業で働く従業員やその家族約4,000万人が加入している日本最大の医療保険者である全国健康保険協会（協会けんぽ）が、2022（令和４）年度に取りまとめた「健康保険現金給付受給者状況調査報告」によると、2022（令和４）年10月時点の傷病手当金受給者を対象として、受給の原因となった傷病別に件数の構成割合をみると、**精神及び行動の障害**は**18.11％**であり、新型コロナを含む特殊目的用コードを除くと、受給原因となる傷病として最も多かった。件数の構成割合の経年推移をみると、精神及び行動の障害が占める割合は増加傾向にあり、近年は受給件数全体の**３分の１**程度を占めている。

2 こころの健康に関する取組みの現状

(1) ストレスチェック制度

事業場におけるメンタルヘルス対策の取組みは、その実施目的から、一次予防、二次予防、三次予防の３つに分類される。ストレスチェック制度は、労働者のストレスの程度を把握し、労働者自身の**ストレスへの気づき**を促すとともに、高ストレス者に対する**医師の面接指導**を実施することや、ストレスチェック結果を**集団的に分析**し、職場環境改善につなげ、働きやすい職場づくりを進めることによって、労働者がメンタルヘルス不調となることを未然に防止する一次予防を主な目的として、2015（平成27）年12月に施行された制度である。

ストレスチェック制度は、労働者数50人以上の事業場に実施義務がある（この場合の「労働者」には、パートタイム労働者や派遣労働者も含まれる）。また、労働者数50人未満の事業場については、当分の間、努力義務とされているが、労働者のメンタルヘルス不調の未然防止のため、できるだけ実施されることが望ましいことから、厚生労働省では、ポータルサイト「こころの耳」を通じたストレスチェック導入の支援や「ストレスチェック制度サポートダイヤル」による相談支援などを行っている。

(2) 職場におけるハラスメント対策

ハラスメントの問題は、職場環境においてこころの健康に大きな影響を与える要因であるが、都道府県労働局に寄せられる相談は後を絶たない状況がみられる。こうしたことも踏まえ、職場におけるハラスメント防止対策の更なる強化を図るため、**パワーハラスメント防止**のための事業主の雇用管理上の措置義務の新設や、セクシュアルハラスメント等の防止対策の強化等を内容とする「女性の職業生活における活躍の推進に関する法律等の一部を改正する法律」（令和元年法律第24号）が、2019（令和元）年5月29日に成立し、同年6月5日に公布された（労働施策総合推進法、男女雇用機会均等法等を改正）。

また、改正後の労働施策総合推進法（以下「改正法」という）等に基づき、2020（令和2）年1月15日に「事業主が職場における優越的な関係を背景とした言動に起因する問題に関して雇用管理上講ずべき措置等についての指針」（以下「パワーハラスメントの防止のための指針」という）等が公布された。

パワーハラスメントの防止のための指針には、事業主が講ずべき具体的な措置の内容等を定めたほか、自社で雇用する労働者以外に対する言動に関し行うことが望ましい取組みや、顧客等からの著しい迷惑行為に関し行うことが望ましい取組みが盛り込まれている。

改正法とパワーハラスメントの防止のための指針等は、2020（令和2）年6月1日から施行された（パワーハラスメントを防止するための雇用管理上の措置義務については、中小事業主については2022（令和4）年4月1日から施行）。

(3) 治療と仕事の両立

精神及び行動の障害は、様々な傷病や疾患のなかでも、働く人に比較的長期間の休業を余儀なくさせる原因となっている。独立行政法人労働政策研究・研修機構が2013（平成25）年に行った調査では、過去3年間における病気休職制度の新規利用労働者数に占める退職者数の割合をみると、平均値は37.8％であったのに対し、メンタルヘルスの不調の場合は42.3％であった。こころの不調を抱えた場合、比較的長期間の休業を余儀なくさせるだけでなく、休業・休職の結果、他の疾病よりも比較的高い割合で復職を断念しているという厳しい現実がうかがえる。

こうしたことから、治療を受けながら仕事を継続できる環境は、こころの不調を抱える人にとってとりわけ重要なものであるといえるが、厚生労働省「令和4年労働安全衛生調査（実態調査）」によると、傷病（がん、糖尿病等の私傷病）を抱えた労働者が治療と仕事を両立できる取組みを行っている事業所の割合は58.8％にとどまっており、事業所規模が小さいほど、その割合も小さい。

厚生労働省は、疾患を抱えながら働きたいと希望する労働者が、安心・安全に就業を継続でき、かつ、事業者の継続的な人材の確保、労働者の安心感やモチベーションの向上による人材の定着、生産性の向上につながるよう、2016（平成28）年２月に「事業場における治療と仕事の両立支援のためのガイドライン」を作成したほか、治療しながら働く人を支援する情報ポータルサイト「治療と仕事の両立支援ナビ」の開設や、患者や家族と医療側（医師･医療ソーシャルワーカーなど）、そして企業側（産業医・衛生管理者・人事労務担当者など）の３者間の情報共有を担う両立支援コーディネーターの養成など、治療と仕事の両立支援を推進する様々な取組みを行っている。

両立支援コーディネーターとは、治療と仕事の両立に向けて、支援対象者、主治医、会社・産業医などのコミュニケーションが円滑に行われるよう支援する者とされている。

支援対象者が治療と仕事を両立できるよう、それぞれの立場に応じた支援の実施や、両立支援に関わる関係者との調整を行うことがその役割として求められており、厚生労働省では、独立行政法人労働者健康安全機構が実施する研修事業に対して補助を行うことにより、両立支援コーディネーターの養成を図っている。2022（令和４）年度までに、全国で１万7,000人余りが受講しており、関係者の連携を支える一員として活動している。

(4)　仕事と家庭生活の両立支援

①仕事と育児・介護の両立

男女ともに仕事と育児を両立できる環境を整備するため、「育児休業、介護休業等育児又は家族介護を行う労働者の福祉に関する法律」（以下「育児介護休業法」という）において、育児休業を始めとする両立支援制度を規定している。

また、要介護者の家族は、とりわけ働き盛り世代で、企業の中核を担う労働者であることが多く、企業において管理職として活躍する人や豊富な技能や経験をもつ人も少なくない。そうしたなかで、介護は、突発的に問題が発生する場合もあることや、介護を行う期間なども多種多様であることから、仕事と介護の両立が困難となることも考えられる。

このため、厚生労働省では、育児介護休業法に定められた介護休業制度などの周知徹底を図るとともに、企業に対しては、介護離職を防止するため、仕事と介護の両立支援の取組みを進めるよう促している。

②ひとり親家庭等への支援

子育てと生計の担い手という二重の役割を一人で担うひとり親家庭については、住居、収入、こどもの養育等の様々な困難に対応するため、「母子及び父子並びに寡婦福祉法」等に基づき、「子育て・生活支援策」、「就業支援策」、「養育費の確保策」、「経済的支援策」の４本柱により自立支援の施策を推進している。

このうち**就業支援**については、こども連れでも利用しやすい環境のもとできめ細かな就職支援を行う国の施設として、**マザーズハローワーク**や**マザーズコーナー**を整備しており、専属スタッフによる就職活動のサポートにより、子育てと両立しやすい求人の紹介などを行っているほか、自宅からでも求職活動ができるようオンラインサービス提供に向けた整備も進めている。

(5)　フリーランスの就業環境の整備

フリーランスが受託した業務に安定的に従事することができる環境を整備するため、「特定受託事業者に係る取引の適正化等に関する法律（フリーランス・事業者間取引適正化等法）」が2023（令和５）年４月に成立し、５月に公布された。

同法により、個人で働くフリーランスに業務委託を行う発注事業者に対し、業務委託をした際の取引条件の明示、給付を受領した日から原則60日以内での報酬支払、ハラスメント対策のための体制整備等が義務づけられることとなる。取引の適正化に関する規定は公正取引委員会と中小企業庁が、ハラスメント対策等の就業環境の整備に関する規定は厚生労働省が、それぞれ執行を担う。

フリーランスに業務委託を行う発注事業者は、ハラスメント行為によりフリーランスの就業環境を害することのないように、相談対応のための体制整備などを講じなければならないこととされた。また、受託者であるフリーランスがハラスメントに関する相談を行ったこと等を理由として不利益な取扱いをしてはならないことも明記された。

発注事業者が講ずるべきハラスメント対策のための措置の具体的な内容は、①**ハラスメントを行ってはならない旨の方針等の明確化とその周知・啓発**、②**フリーランスからの相談に応じ、適切に対応するために必要な体制の整備**、③**ハラスメントに係る事後の迅速かつ適切な対応**等を想定している。

3 こころの健康と向き合い、健やかに暮らすことのできる社会に

近年、晩婚化や高齢社会の進展により、子育て世帯が同時に親の介護を担っている場合も少なくない。総務省「令和４年就業構造基本調査」によると、未就学児の**育児**をしながら、家族の**介護**をしている者（**ダブルケア**をしている者）は、令和４（2022）年時点で**20.1万人**となっており、男女別にみると、**女性**が６割、また、年代別では30代後半と40代前半が多くなっている。

ＯＥＣＤが2021年にまとめた生活時間の国際比較データによると、家庭内での子育てや介護などの無償労働を行う時間は、比較国のいずれの国も女性の方が長かったが、男女比（男性を１とした場合の女性の比率）をみると、男女比が大きいのは、比較国中、**5.5倍**の日本、4.4倍の韓国となっていた。こうした背景には、**性別役割分業意識**などが指摘されているが、近年、変化の兆しもある。

内閣府が2022（令和４）年度に行った「新しいライフスタイル、新しい働き方を踏まえた男女共同参画推進に関する調査」によると、家事や育児などを「**自分が率先してするべきことである**」と考える人は、世代が若くなるほど同年代の男女間の意識差が縮まる傾向にあり、20代の男女では、ほぼ差がなかった（**図表⑩**）。

図表⑩　根づきつつある新たな生活様式・働き方（家事・育児等を取り巻く状況）

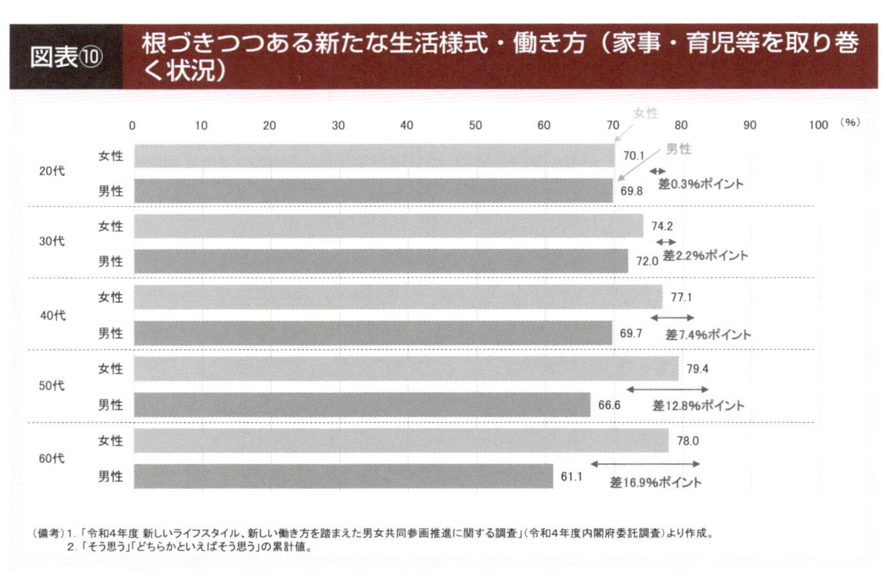

（備考）1.「令和4年度 新しいライフスタイル、新しい働き方を踏まえた男女共同参画推進に関する調査」（令和4年度内閣府委託調査）より作成。
2.「そう思う」「どちらかといえばそう思う」の累計値。

我が国の将来を担う若い世代に根づきつつある新しい人生観が、彼ら・彼女たちの人生において実現できる社会としていくことが、こころの健康と向き合い、健やかに暮らすことのできる社会の実現においても非常に重要であるといえるだろう。

第2部

労務管理その他の労働に関する一般常識

第1章　雇用に関する法令

第1節　労働施策総合推進法

1　目的（法1条1項）

条文

この法律は、国が、**少子高齢化**による人口構造の変化等の経済社会情勢の変化に対応して、労働に関し、その政策全般にわたり、必要な施策を総合的に講ずることにより、**労働市場の機能**が適切に発揮され、労働者の多様な事情に応じた**雇用の安定**及び**職業生活の充実**並びに**労働生産性の向上**を促進して、労働者がその有する能力を有効に発揮することができるようにし、これを通じて、労働者の職業の安定と経済的社会的地位の向上とを図るとともに、**経済及び社会の発展**並びに**完全雇用の達成**に資することを目的とする。

2　事業主の責務

(1)　募集及び採用における年齢にかかわりない均等な機会の確保（法9条）

条文

事業主は、労働者がその有する能力を有効に発揮するために必要であると認められるときとして厚生労働省令で定めるときは、労働者の**募集及び採用**について、その年齢にかかわりなく**均等な機会**を与えなければならない。

Advance

□次の場合は、**年齢制限**が認められる。

a）事業主が、その雇用する労働者の定年の定めをしている場合において当該定年の年齢を下回ることを条件として労働者の募集及び採用を行うとき（期間の定めのない労働契約を締結することを目的とする場合に限る）。

b）事業主が、労働基準法その他の法令の規定により特定の年齢の範囲に属する労働者の就業等が禁止又は制限されている業務について当該年齢の範囲に属する労働者以外の労働者の募集及び採用を行うとき。etc.

(2) 雇用管理上の措置等（法30条の2第1項）

条文

事業主は、職場において行われる優越的な関係を背景とした言動であって、業務上必要かつ相当な範囲を超えたものによりその雇用する労働者の就業環境が害されることのないよう、当該労働者からの相談に応じ、適切に対応するために必要な体制の整備その他の雇用管理上必要な措置を講じなければならない。

第2節 職業安定法

1 目的（法1条）

条文

この法律は、労働施策総合推進法と相まって、公共に奉仕する公共職業安定所その他の職業安定機関が関係行政庁又は関係団体の協力を得て職業紹介事業等を行うこと、職業安定機関以外の者の行う職業紹介事業等が労働力の需要供給の適正かつ円滑な調整に果たすべき役割に鑑みその適正な運営を確保すること等により、各人にその有する能力に適合する職業に就く機会を与え、及び産業に必要な労働力を充足し、もって職業の安定を図るとともに、経済及び社会の発展に寄与することを目的とする。

2 職業紹介等

(1) 有料職業紹介事業（法30条1項）

条文

有料の職業紹介事業を行おうとする者は、厚生労働大臣の許可を受けなければならない。

用語チェック！

職業紹介	求人及び求職の申込みを受け、求人者と求職者との間における雇用関係の成立をあっせんすることをいう。
有料の職業紹介	無料の職業紹介以外の職業紹介をいう。

○○ちょっとアドバイス!○○

◆許可の有効期間

初回申請時	更新時
許可の日から起算して３年	更新前の許可の有効期間が満了する日の翌日から起算して５年

□有料職業紹介事業者は、次の職業を求職者に紹介してはならない。

a）港湾運送業務（港湾労働法に規定する港湾運送の業務等）に就く職業
b）建設業務（土木、建築その他工作物の建設、改造等の作業に係る業務）に就く職業
c）その他有料の職業紹介事業においてその職業のあっせんを行うことが当該職業に就く労働者の保護に支障を及ぼすおそれがあるものとして厚生労働省令で定める職業（現在は、具体的な定めなし）

Advance

□有料職業紹介事業者は、職業紹介に関し一定の事項を統括管理させ、及び従業者に対する職業紹介の適正な遂行に必要な教育を行わせるため、職業紹介責任者を選任しなければならない。

(2)　無料職業紹介事業（法33条1項）

条文

無料の職業紹介事業（職業安定機関及び特定地方公共団体の行うものを除く）を行おうとする者は、第33条の2及び第33条の3の規定により行う場合を除き、厚生労働大臣の許可を受けなければならない。

用語チェック!

無料の職業紹介	職業紹介に関し、いかなる名義でも、その手数料又は報酬を受けないで行う職業紹介をいう。

○○ちょっとアドバイス!○○

◆許可の有効期間

初回申請時	更新時
許可の日から起算して５年	更新前の許可の有効期間が満了する日の翌日から起算して５年

Advance

□許可を受けて無料の職業紹介事業を行う者は、**職業紹介責任者**を選任しなければならない。

(3) 学校等の行う無料職業紹介事業（法33条の2第1項）

条文

次に掲げる施設の長は、**厚生労働大臣**に**届け出**て、当該定める者（これらの者に準ずる者として厚生労働省令で定めるものを含む）について、無料の職業紹介事業を行うことができる。

学校（小学校・幼稚園を除く）	当該学校の**学生生徒等**
専修学校	当該専修学校の生徒又は当該専修学校を卒業した者
職業能力開発促進法に掲げる施設	当該施設の行う職業訓練を受ける者又は当該職業訓練を修了した者
職業能力開発総合大学校	当該職業能力開発総合大学校の行う職業訓練若しくは職業能力開発促進法に規定する指導員訓練を受ける者又は当該職業訓練若しくは当該指導員訓練を修了した者

用語チェック！

学生生徒等	学生若しくは生徒又は学校を卒業し、又は退学した者をいう。

(4) 特別の法人の行う無料職業紹介事業（法33条の3第1項）

条文

特別の法律により設立された法人であって厚生労働省令で定めるもの*1は、**厚生労働大臣**に**届け出**て、当該法人の直接若しくは間接の構成員（以下「構成員」という）を**求人者**とし、又は当該法人の構成員若しくは構成員に雇用されている者を**求職者**とする無料の職業紹介事業を行うことができる。

○◯ちょっとアドバイス！◯○

□＊1「厚生労働省令で定めるもの」は、次に掲げる法人であって、その直接又は間接の構成員の数が厚生労働大臣の定める数（10）以上のものとする。

a）農業協同組合	b）漁業協同組合又は水産加工業協同組合	c）商工会議所
d）商工組合	e）森林組合　etc.	

Advance

□無料の職業紹介事業を行う特別の法人は、**職業紹介責任者**を選任しなければならない。

第３節　労働者派遣法

1　目的（法１条）

条文

この法律は、**職業安定法**と相まって労働力の需給の適正な調整を図るため**労働者派遣事業**の適正な運営の確保に関する措置を講ずるとともに、**派遣労働者の保護等**を図り、もって派遣労働者の雇用の安定その他福祉の増進に資することを目的とする。

用語チェック！

労働者派遣	自己の雇用する労働者を、当該雇用関係の下に、かつ、他人の指揮命令を受けて、当該他人のために労働に従事させることをいい、当該他人に対し当該労働者を当該他人に雇用させることを約してするものを含まないものとする。

2　業務の範囲・許可

(1)　派遣禁止業務とその例外（法４条１項）

条文

何人も、次のいずれかに該当する業務について、労働者派遣事業を行ってはならない。

イ）**港湾運送業務**

ロ）建設業務
ハ）警備業法に掲げる業務（警備業務）
ニ）その他その業務の実施の適正を確保するためには業として行う労働者派遣により派遣労働者に従事させることが適当でないと認められる業務として政令で定める業務 *1

○◯ちょっとアドバイス!◯○

□＊1「政令で定める業務」は、医師法に規定する医業、歯科医師法に規定する歯科医業、薬剤師法に規定する調剤の業務、保健師助産師看護師法に規定する業務（診療の補助として行うことができることとされている業務を含む）、栄養士法に規定する業務（傷病者に対する療養のため必要な栄養の指導に係るもの）等の「医療関係業務」とする。

↓ なお…

①当該業務について紹介予定派遣をする場合、②派遣先の労働者が労働基準法に規定する産前産後休業等をする場合、③保健師助産師看護師法に規定する業務等に係る派遣労働者の就業の場所がへき地にある病院等である場合には、労働者派遣を行うことができる。

用語チェック!

紹介予定派遣	労働者派遣のうち、派遣元事業主が労働者派遣の役務の提供の開始前又は開始後に、当該労働者派遣に係る派遣労働者及び派遣先について、職業安定法その他の法律の規定による許可を受けて、又は届出をして、職業紹介を行い、又は行うことを予定してするものをいう。

(2) 労働者派遣事業の許可（法5条1項）

条文

労働者派遣事業を行おうとする者は、厚生労働大臣の許可を受けなければならない。

○◯ちょっとアドバイス！◯○

◆許可の有効期間

初回申請時	更新時
許可の日から起算して３年	更新前の許可の有効期間が満了する日の翌日から起算して５年

3　労働者派遣の期間（法35条の３）

条文

派遣元事業主は、派遣先の事業所その他派遣就業の場所における組織単位ごとの業務について、３年を超える期間継続して同一の派遣労働者に係る労働者派遣（第40条の２第１項各号のいずれかに該当するものを除く）を行ってはならない。

用語チェック！

組織単位	労働者の配置の区分であって、配置された労働者の業務の遂行を指揮命令する職務上の地位にある者が当該労働者の業務の配分に関して直接の権限を有するものとして厚生労働省令で定めるものをいう。

Advance

□派遣元事業主は、派遣就業に関し一定の事項を行わせるため、派遣元責任者を選任しなければならない。

4　労働者派遣の役務の提供を受ける期間（法40条の２、法40条の３）

条文

1）派遣先は、当該派遣先の事業所その他派遣就業の場所ごとの業務について、派遣元事業主から派遣可能期間を超える期間継続して労働者派遣の役務の提供を受けてはならない。ただし、当該労働者派遣が次の各号のいずれかに該当するものであるときは、この限りでない。

イ）無期雇用派遣労働者に係る労働者派遣

ロ）雇用の機会の確保が特に困難である派遣労働者であってその雇用の継続等を図る必要があると認められるものとして厚生労働省令で定める者に係る労働者派遣

ハ）事業の開始、転換、拡大、縮小又は廃止のための業務であって一定の期間内に完了することが予定されているものに係る労働者派遣　etc.

2）前項の派遣可能期間（以下「派遣可能期間」という）は、3年とする。*1

3）派遣先は、当該派遣先の事業所その他派遣就業の場所ごとの業務について、派遣元事業主から3年を超える期間継続して労働者派遣（第1項各号のいずれかに該当するものを除く）の役務の提供を受けようとするときは、意見聴取期間に、3年を限り、派遣可能期間を延長することができる。当該延長に係る期間が経過した場合において、これを更に延長しようとするときも、同様とする。*3

派遣先は、第40条の2第3項の規定により派遣可能期間が延長された場合において、当該派遣先の事業所その他派遣就業の場所における組織単位ごとの業務について、派遣元事業主から3年を超える期間継続して同一の派遣労働者に係る労働者派遣（第40条の2第1項各号のいずれかに該当するものを除く）の役務の提供を受けてはならない。*2

用語チェック！

意見聴取期間	当該派遣先の事業所その他派遣就業の場所ごとの業務に係る労働者派遣の役務の提供が開始された日（派遣可能期間を延長した場合にあっては、当該延長前の派遣可能期間が経過した日）以後当該事業所その他派遣就業の場所ごとの業務について派遣可能期間に抵触することとなる最初の日の1か月前の日までの間をいう。

○◯ **ちょっとアドバイス！** ◯○

◆派遣期間の2つの制限

①*1 事業所単位の期間制限	②*2 個人単位の期間制限
派遣先の同一の事業所における派遣労働者の受入れは3年を上限とする。それを超えて受け入れるためには過半数労働組合等からの意見聴取が必要。	派遣先の同一の組織単位における同一の派遣労働者の受入れは3年を上限とする。

□＊3 派遣先は、派遣可能期間を延長しようとするときは、意見聴取期間に、過半数労働組合等の意見を聴かなければならない。

Advance

□派遣先は、派遣就業に関し、派遣労働者の業務の遂行を指揮命令する職務上の地位にある者その他の関係者に所定の事項を周知すること等を行わせるため、派遣先責任者を選任しなければならない。

第４節　高年齢者雇用安定法

1　目的（法１条）

条文

この法律は、定年の引上げ、継続雇用制度の導入等による高年齢者の安定した雇用の確保の促進、高年齢者等の再就職の促進、定年退職者その他の高年齢退職者に対する就業の機会の確保等の措置を総合的に講じ、もって高年齢者等の職業の安定その他福祉の増進を図るとともに、経済及び社会の発展に寄与することを目的とする。

用語チェック！

高年齢者	55 歳以上の者をいう。
高年齢者等	高年齢者及び次に掲げる者で高年齢者に該当しないものをいう。 a）中高年齢者（45 歳以上の者をいう）である求職者（b)に掲げる者を除く） b）中高年齢失業者等（45 歳以上 65 歳未満の失業者その他就職が特に困難な厚生労働省令で定める失業者をいう）

2　高年齢者の安定した雇用の確保の促進等

(1)　定年を定める場合の年齢（法８条）

条文

事業主がその雇用する労働者の定年の定めをする場合には、当該定年は、60 歳を下回ることができない。ただし、当該事業主が雇用する労働者のうち、高年齢者が従事することが困難であると認められる業務[*1]として厚生労働省令で定める業務に従事している労働者については、この限りでない。

○◯ちょっとアドバイス！◯○

□＊1「高年齢者が従事することが困難であると認められる業務」は、鉱業法4条に規定する事業における「坑内作業の業務」とする。

(2) 高年齢者雇用確保措置（法9条1項）

条文

定年（65歳未満のものに限る）の定めをしている事業主は、その雇用する高年齢者の65歳までの安定した雇用を確保するため、次の各号に掲げる措置（以下「高年齢者雇用確保措置」という）のいずれかを講じなければならない。

イ）当該定年の引上げ

ロ）継続雇用制度の導入＊1

ハ）当該定年の定めの廃止

○◯ちょっとアドバイス！◯○

□＊1継続雇用制度には、事業主が、特殊関係事業主との間で、当該事業主の雇用する高年齢者であってその定年後に雇用されることを希望するものをその定年後に当該特殊関係事業主が引き続いて雇用することを約する契約を締結し、当該契約に基づき当該高年齢者の雇用を確保する制度が含まれる。

用語チェック！

継続雇用制度	現に雇用している高年齢者が希望するときは、当該高年齢者をその定年後も引き続いて雇用する制度をいう。
特殊関係事業主	当該事業主の経営を実質的に支配することが可能となる関係にある事業主その他の当該事業主と特殊の関係のある事業主として厚生労働省令で定める事業主をいう。

(3) 高年齢者就業確保措置（法10条の2第1項）

条文

定年（65歳以上70歳未満のものに限る）の定めをしている事業主又は継続雇用制度（高年齢者を70歳以上まで引き続いて雇用する制度を除く）を導入している事業主は、その雇用する高年齢者（当該事業主と当該契約を締結した特殊関係事業主に現に雇用されている者を含み、厚生労働省令で定める者を除く）について、次に掲げる措置を講ずることにより、65歳から70歳までの安定した雇用を確保するよう努めなければならない。

イ）当該定年の引上げ

ロ）65歳以上継続雇用制度の導入

ハ）当該定年の定めの廃止

○○ちょっとアドバイス！○○

□事業主は、過半数労働組合等の同意を得た創業支援等措置を講ずることにより、その雇用する高年齢者について、定年後等又は65歳以上継続雇用制度の対象となる年齢の上限に達した後70歳までの間の就業を確保することができる。

用語チェック！

65歳以上継続雇用制度	その雇用する高年齢者が希望するときは、当該高年齢者をその定年後等（定年後又は継続雇用制度の対象となる年齢の上限に達した後をいう）も引き続いて雇用する制度をいう。
創業支援等措置	次に掲げる措置をいう。 a）高年齢者の希望により、70歳まで継続的に業務委託契約を締結する制度の導入 b）高年齢者の希望により、70歳まで継続的に社会貢献事業に従事できる制度の導入

Advance

□事業主は、高年齢者雇用確保措置等（高年齢者雇用確保措置及び高年齢者就業確保措置をいう）を推進するため、作業施設の改善その他の諸条件の整備を図るための業務を担当する者（高年齢者雇用等推進者）を選任するように努めなければならない。

□事業主は、毎年１回、６月１日現在における定年、継続雇用制度、65歳以上継続雇用制度及び創業支援等措置の状況その他高年齢者の就業の機会の確保に関する状況を翌月15日までに、高年齢者雇用状況等報告書により、その主たる事務所の所在地を管轄する公共職業安定所長を経由して厚生労働大臣に報告しなければならない。

第５節 障害者雇用促進法

1 目的（法１条）

条文

この法律は、障害者の雇用義務等に基づく雇用の促進等のための措置、雇用の分野における障害者と障害者でない者との均等な機会及び待遇の確保並びに障害者がその有する能力を有効に発揮することができるようにするための措置、職業リハビリテーションの措置その他障害者がその能力に適合する職業に就くこと等を通じてその職業生活において自立することを促進するための措置を総合的に講じ、もって障害者の職業の安定を図ることを目的とする。

2 一般事業主の雇用義務（法43条１項）

条文

事業主は、厚生労働省令で定める雇用関係の変動がある場合には、その雇用する対象障害者である労働者の数が、その雇用する労働者の数に障害者雇用率を乗じて得た数（「法定雇用障害者数」という）以上であるようにしなければならない。

Outline

区分	障害者雇用率	区分	障害者雇用率
一般事業主	100分の2.5	特殊法人	100分の2.8
国、地方公共団体	100分の2.8	都道府県の教育委員会	100分の2.7

【障害者である労働者数の算定方法】

週所定労働時間数		30時間以上	20時間以上 30時間未満	10時間以上 20時間未満
身体障害者		1	0.5	−
	重度	2	1	0.5
知的障害者		1	0.5	−
	重度	2	1	0.5
精神障害者		1	1	0.5

□「**法定雇用障害者数**」の算定に当たっては、その数に1人未満の端数があるときは、その端数は、切り捨てる。

用語チェック！

対象障害者	身体障害者、知的障害者又は精神障害者（精神保健福祉法の規定により精神障害者保健福祉手帳の交付を受けているものに限る）をいう。

Advance

□事業主は、その雇用する労働者の数が常時厚生労働省令で定める数（一般事業主は**40人**、特殊法人は36人）**以上**であるときは、一定の業務を遂行するために必要な知識及び経験を有していると認められる者のうちから、当該業務を担当する者（**障害者雇用推進者**）を選任するように努めなければならない。

□事業主（その雇用する労働者の数が**常時40人**（特殊法人にあっては、36人）以上である事業主に限る）は、毎年、**6月1日**現在における対象障害者の雇用に関する状況を、**翌月15日まで**に、その主たる事務所の所在地を管轄する**公共職業安定所長**に報告しなければならない。

3　調整金の支給・納付金の徴収（法49条）

条文

1）**厚生労働大臣**は、対象障害者の雇用に伴う経済的負担の調整並びにその雇用の促進及び継続を図るため、納付金関係業務を行う。

2）厚生労働大臣は、納付金関係業務の全部又は一部を**独立行政法人高齢・障害・求職者雇用支援機構**（以下「機構」という）に行わせるものとする。

ここをチェック！

①障害者雇用調整金の支給（法50条、令15条）

□**機構**は、各年度につき、法定雇用障害者数を超えて対象障害者である労働者を雇用している事業主に対しては、**障害者雇用率に係る超過人数1人**につき、**月額29,000円**の**障害者雇用調整金**を支給する。

支給対象人数が**年120人**を超える場合には、120人を超える人数分への支給額を**23,000円**とする

□その雇用する労働者の数が**常時100人以下**である事業主（特殊法人を除く）については、当分の間、障害者雇用調整金の支給の規定は、**適用しない**。ただし、所定の要件を満たした場合、超過人数1人につき、**月額21,000円**の**障害者雇用報奨金**を支給する。

②障害者雇用納付金の徴収（法53条、令17条）

□**機構**は、各年度につき、対象障害者である労働者の雇用について、障害者雇用率を達成していない場合にあっては、**障害者雇用率に係る不足人数1人**につき、**月額50,000円**の**障害者雇用納付金**を徴収する。

□その雇用する労働者の数が**常時100人以下**である事業主（特殊法人を除く）については、当分の間、障害者雇用納付金の徴収の規定は、**適用しない**。

4　基準に適合する事業主の認定（法77条1項）

条文

厚生労働大臣は、その雇用する労働者の数が**常時300人以下**である事業主からの申請に基づき、当該事業主について、障害者の雇用の促進及び雇用の安定に関する取組に関し、当該**取組の実施状況が優良なもの**であることその他の厚生労働省令で定める基準に適合するものである旨の**認定**を行うことができる。

ここをチェック！

□認定を受けた事業主（**認定事業主**）は、商品、役務の提供の用に供する物、商品又は役務の広告又は取引に用いる書類若しくは通信その他の厚生労働省

令で定めるもの（「商品等」という）に厚生労働大臣の定める**表示**（愛称：**もにす**）を付することができる。

第6節　職業能力開発促進法

1　目的（法1条）

条文

この法律は、**労働施策総合推進法**と相まって、**職業訓練**及び**職業能力検定**の内容の充実強化及びその実施の円滑化のための施策並びに労働者が自ら職業に関する教育訓練又は職業能力検定を受ける機会を確保するための施策等を総合的かつ計画的に講ずることにより、職業に必要な労働者の能力を開発し、及び向上させることを促進し、もって、職業の安定と労働者の地位の向上を図るとともに、経済及び社会の発展に寄与することを目的とする。

用語チェック！

労働者	事業主に雇用される者（船員職業安定法に規定する船員を除く）及び求職者（船員となろうとする者を除く）をいう。
職業能力検定	職業に必要な労働者の技能及びこれに関する知識についての検定（厚生労働省の所掌に属しないものを除く）をいう。

2　事業主等の行う職業能力開発促進の措置（法10条の3）

条文

1）事業主は、必要に応じ、次に掲げる措置を講ずることにより、その雇用する労働者の**職業生活設計**に即した自発的な職業能力の開発及び向上を促進するものとする。

イ）有給教育訓練休暇、長期教育訓練休暇、再就職準備休暇その他の休暇を付与すること。

ロ）始業及び終業の時刻の変更、勤務時間の短縮その他職業に関する教育訓練又は職業能力検定を受ける時間を確保するために必要な措置を講ずること。

2）事業主は、前項イ）の規定により**キャリアコンサルティングの機会**を確保する場合には、**キャリアコンサルタント**を有効に活用するように配慮するものとする。

用語チェック！

職業生活設計	労働者が、自らその長期にわたる職業生活における職業に関する目的を定めるとともに、その目的の実現を図るため、その適性、職業経験その他の実情に応じ、職業の選択、職業能力の開発及び向上のための取組その他の事項について自ら計画することをいう。
キャリアコンサルティング	労働者の職業の選択、職業生活設計又は職業能力の開発及び向上に関する相談に応じ、助言及び指導を行うことをいう。

Advance

□事業主は、法10条の3等に定める措置に関し、その雇用する労働者に対して行う相談、指導等の業務等を担当する者（**職業能力開発推進者**）を選任するように努めなければならない。

3　キャリアコンサルタント（法30条の19第1項）

条文

キャリアコンサルタント試験に合格した者は、厚生労働省に備える**キャリアコンサルタント名簿**に、氏名、事務所の所在地その他厚生労働省令で定める事項の**登録**を受けて、キャリアコンサルタントとなることができる。

○◯**ちょっとアドバイス！**◯○

□キャリアコンサルタント試験は、学科試験及び実技試験によって、**厚生労働大臣**が行う。

□「登録」は、**5年ごと**にその更新を受けなければ、その期間の経過によって、その効力を失う。

第７節　求職者支援法

1　目的（法１条）

条文

この法律は、特定求職者に対し、職業訓練の実施、当該職業訓練を受けることを容易にするための給付金の支給その他の就職に関する支援措置を講ずることにより、特定求職者の就職を促進し、もって特定求職者の職業及び生活の安定に資することを目的とする。

用語チェック！

特定求職者	公共職業安定所に求職の申込みをしている者（雇用保険法に規定する被保険者である者及び受給資格者である者を除く）のうち、労働の意思及び能力を有しているものであって、職業訓練その他の支援措置を行う必要があるものと公共職業安定所長が認めたものをいう。

2　職業訓練受講給付金の支給（法７条１項）

条文

国は、公共職業安定所長が指示した認定職業訓練等（認定職業訓練、国、都道府県及び市町村並びに独立行政法人高齢・障害・求職者雇用支援機構が設置する公共職業能力開発施設の行う職業訓練（職業能力開発総合大学校の行うものを含む）並びに雇用保険法第15条第３項の政令で定める訓練又は講習をいう）を特定求職者が受けることを容易にするため、当該特定求職者に対して、職業訓練受講給付金を支給することができる。

用語チェック！

認定職業訓練	職業訓練を行う者の申請に基づき、当該者の行う職業訓練について厚生労働大臣の認定を受けたものをいう。

○○ちょっとアドバイス！○○

□職業訓練受講給付金の支給は、雇用保険法による就職支援法事業として行われる。

第８節　若者雇用促進法（青少年の雇用の促進等に関する法律）

1　目的（法１条）

条文

この法律は、青少年について、適性並びに技能及び知識の程度にふさわしい職業（以下「適職」という）の選択並びに職業能力の開発及び向上に関する措置等を総合的に講ずることにより、雇用の促進等を図ることを通じて青少年がその有する能力を有効に発揮することができるようにし、もって福祉の増進を図り、あわせて経済及び社会の発展に寄与することを目的とする。

2　基準に適合する事業主の認定（法 15 条）

条文

厚生労働大臣は、事業主（常時雇用する労働者の数が 300 人以下のものに限る）からの申請に基づき、当該事業主について、青少年の募集及び採用の方法の改善、職業能力の開発及び向上並びに職場への定着の促進に関する取組に関し、その実施状況が優良なものであることその他の厚生労働省令で定める基準に適合するものである旨の認定を行うことができる。

ここをチェック！

□認定（ユースエール認定）を受けた事業主（認定事業主）は、商品、役務の提供の用に供する物、商品又は役務の広告又は取引に用いる書類その他の厚生労働省令で定めるもの（「商品等」という）に厚生労働大臣の定める表示を付することができる。

第２章　均等待遇及び育児支援等に関する法令

第１節　男女雇用機会均等法

1　目的（法１条）

条文

この法律は、**法の下の平等**を保障する**日本国憲法**の理念にのっとり雇用の分野における男女の均等な機会及び待遇の確保を図るとともに、女性労働者の就業に関して妊娠中及び出産後の健康の確保を図る等の措置を推進することを目的とする。

2　直接差別及び間接差別の禁止と措置

(1)　募集及び採用に関する差別（法５条）

条文

事業主は、労働者の**募集及び採用**について、その性別にかかわりなく**均等な機会**を与えなければならない。

○○ちょっとアドバイス！○○

□次のような取扱いは、禁止されるものである。

a）募集又は採用に当たって、男女のいずれかを表す職種の名称を用い（対象を男女のいずれかのみとしないことが明らかである場合を除く）、又は「男性歓迎」、「女性向きの職種」等の表示を行うこと。

b）男女別の採用予定人数を設定し、これを明示して、募集すること。又は、設定した人数に従って採用すること。

c）会社の概要等に関する資料を送付する対象を男女のいずれかのみとし、又は資料の内容、送付時期等を男女で異なるものとすること。　etc.

(2)　労働条件に関する差別（法６条）

条文

事業主は、次に掲げる事項について、**労働者の性別**を理由として、差別的取扱いをしてはならない。

イ）労働者の配置（業務の配分及び権限の付与を含む）、昇進、降格及び教育訓練
ロ）住宅資金の貸付けその他これに準ずる福利厚生の措置であって厚生労働省令で定めるもの
ハ）労働者の職種及び雇用形態の変更
ニ）退職の勧奨、定年及び解雇並びに労働契約の更新

ここをチェック！

□次のような取扱いは、禁止されるものである。

a）営業の職務、秘書の職務、企画立案業務を内容とする職務、定型的な事務処理業務を内容とする職務、海外で勤務する職務等一定の職務への配置に当たって、その対象を男女のいずれかのみとすること。
b）課長に昇進するための試験の合格基準を、男女で異なるものとすること。
c）女性労働者についてのみ、婚姻又は子を有していることを理由として、「一般職」から「総合職」への職種の変更の対象から排除すること。　etc.

(3) 性別以外の事由を要件とする措置（法７条）

条文

事業主は、募集及び採用並びに第６条イ）～ニ）に掲げる事項に関する措置であって労働者の性別以外の事由を要件とするもののうち、措置の要件を満たす男性及び女性の比率その他の事情を勘案して実質的に性別を理由とする差別となるおそれがある措置として厚生労働省令で定めるもの*1については、当該措置の対象となる業務の性質に照らして当該措置の実施が当該業務の遂行上特に必要である場合、事業の運営の状況に照らして当該措置の実施が雇用管理上特に必要である場合その他の合理的な理由がある場合でなければ、これを講じてはならない。

○○ちょっとアドバイス！○○

□＊1「実質的に性別を理由とする差別となるおそれがある措置（間接差別となる措置）」は、次のとおりとする。

a）労働者の募集又は採用に関する措置であって、労働者の身長、体重又は体力に関する事由を要件とするもの
b）労働者の募集若しくは採用、昇進又は職種の変更に関する措置であって、労働者の住居の移転を伴う配置転換に応じることができることを要件とするもの
c）労働者の昇進に関する措置であって、労働者が勤務する事業場と異なる事業場に配置転換された経験があることを要件とするもの

(4)　女性労働者に係る措置に関する特例（法８条）

条文

第５条から第７条までの規定は、事業主が、雇用の分野における男女の均等な機会及び待遇の確保の支障となっている事情を改善することを目的として女性労働者に関して行う措置を講ずることを妨げるものではない。*1

○○ちょっとアドバイス！○○

□＊1労働者全体に占める女性労働者の割合が４割を下回っている雇用管理区分等において、募集及び採用、配置、昇進、教育訓練、職種の変更、雇用形態の変更について、女性労働者に有利な取扱いをすること（ポジティブ・アクション）は違法ではないとされている。

3　事業主の講ずべき措置

条文

【職場における性的な言動に起因する問題に関する雇用管理上の措置（法11条１項）】

事業主は、職場において行われる性的な言動に対するその雇用する労働者の対応により当該労働者がその労働条件につき不利益を受け、又は当該性的な言動により当該労働者の就業環境が害されることのないよう、当該労働者からの相談に応じ、適切に対応するために必要な体制の整備その他の雇用管理上必要な措置を講じなければならない。

【職場における妊娠、出産等に関する言動に起因する問題に関する雇用管理上の措置（法11条の３第１項）】

事業主は、職場において行われるその雇用する女性労働者に対する当該女性労働者が妊娠したこと、出産したこと、産前休業を請求し、又は産前産後休業をしたことその他の妊娠又は出産に関する事由であって厚生労働省令で定めるものに関する言動により当該女性労働者の就業環境が害されることのないよう、当該女性労働者からの相談に応じ、適切に対応するために必要な体制の整備その他の雇用管理上必要な措置を講じなければならない。

Advance

□事業主は、法8条、法11条1項、法11条の3第1項等に定める措置等並びに職場における男女の均等な機会及び待遇の確保が図られるようにするために講ずべきその他の措置の適切かつ有効な実施を図るための業務を担当する者（男女雇用機会均等推進者）を選任するように努めなければならない。

第2節 育児介護休業法

1 目的（法1条）

条文 改正

この法律は、育児休業及び介護休業に関する制度並びに子の看護等休暇及び介護休暇に関する制度を設けるとともに、子の養育及び家族の介護を容易にするため所定労働時間等に関し事業主が講ずべき措置を定めるほか、子の養育又は家族の介護を行う労働者等に対する支援措置を講ずること等により、子の養育又は家族の介護を行う労働者等の雇用の継続及び再就職の促進を図り、もってこれらの者の職業生活と家庭生活との両立に寄与することを通じて、これらの者の福祉の増進を図り、あわせて経済及び社会の発展に資することを目的とする。

用語チェック！

育児休業	労働者（日々雇用される者を除く）が、その子を養育するためにする休業をいう。
介護休業	労働者（日々雇用される者を除く）が、その要介護状態にある対象家族を介護するためにする休業をいう。

要介護状態	負傷、疾病又は身体上若しくは精神上の障害により、**２週間以上**にわたり常時介護を必要とする状態をいう。
対象家族	**配偶者**（婚姻の届出をしていないが、事実上婚姻関係と同様の事情にある者を含む）、**父母**及び**子**（＊これらの者に準ずる者として厚生労働省令で定めるものを含む）並びに**配偶者の父母**をいう。 **【準ずる者】** **祖父母、兄弟姉妹**及び**孫**とする。

Advance

□事業主は、**子の養育**又は**家族の介護**を行い、又は行うこととなる労働者の職業生活と家庭生活との両立が図られるようにするために講ずべきその他の措置の適切かつ有効な実施を図るための業務を担当する者（**職業家庭両立推進者**）を選任するように努めなければならない。

２　育児休業の申出（法５条）

(1)　１歳までの育児休業の申出（１項）

条文

労働者は、その養育する**１歳に満たない子**について、その事業主に**申し出る**ことにより、**育児休業**（第９条の２第１項に規定する出生時育児休業を除く。以下この条において同じ）をすることができる。ただし、**期間を定めて雇用される者**にあっては、その養育する子が**１歳６か月に達する日**までに、その労働契約（労働契約が更新される場合にあっては、更新後のもの。第３項、第９条の２第１項及び第11条第１項において同じ）が満了することが明らかでない者に限り、当該申出をすることができる。

○○**ちょっとアドバイス!**○○

□労働者は、その養育する子が１歳に達する日（以下「**１歳到達日**」という）までの期間（当該子を養育していない期間を除く）内に**２回**の育児休業をした場合には、当該子については、厚生労働省令で定める特別の事情がある場合を除き、育児休業の申出を**することができない**。

(2) 1歳からの育児休業の申出（3項～5項）

条文

3）労働者は、その養育する**1歳**から**1歳6か月**に達するまでの子について、次のいずれにも該当する場合（厚生労働省令で定める特別の事情がある場合には、ロ)に該当する場合）に限り、その事業主に申し出ることにより、育児休業をすることができる。ただし、期間を定めて雇用される者（当該子の1歳到達日において育児休業をしている者であって、その翌日を育児休業開始予定日とする申出をするものを除く）にあっては、当該子が**1歳6か月に達する日**までに、その労働契約が満了することが明らかでない者に限り、当該申出をすることができる。

イ）当該申出に係る子について、当該**労働者又はその配偶者**が、当該子の1歳到達日において育児休業をしている場合

ロ）当該子の**1歳到達日後**の期間について休業することが雇用の継続のために特に必要と認められる場合として厚生労働省令で定める場合[*1]に該当する場合

ハ）当該子の**1歳到達日後**の期間において、この項の規定による申出により育児休業をしたことがない場合

4）労働者は、その養育する**1歳6か月**から**2歳**に達するまでの子について、次のいずれにも該当する場合（前項の厚生労働省令で定める特別の事情がある場合には、ロ)に該当する場合）に限り、その事業主に申し出ることにより、育児休業をすることができる。

イ）当該申出に係る子について、当該**労働者又はその配偶者**が、当該子の1歳6か月に達する日（以下「1歳6か月到達日」という）において育児休業をしている場合

ロ）当該子の**1歳6か月到達日後**の期間について休業することが雇用の継続のために特に必要と認められる場合として厚生労働省令で定める場合[*1]に該当する場合

ハ）当該子の**1歳6か月到達日後**の期間において、この項の規定による申出により育児休業をしたことがない場合

5）第1項ただし書の規定は、前項の申出について準用する。この場合において、第1項ただし書中「1歳6か月」とあるのは、「**2歳**」と読み替えるものとする。

○◯**ちょっとアドバイス!**◯○

□＊1「厚生労働省令で定める場合」は、育児休業の申出に係る子について、**保育所等**（保育所、認定こども園又は家庭的保育事業等）における保育の利用を希望し、申込みを行っているが、**当面その実施が行われない**場合等とする。

3　出生時育児休業の申出（法９条の２第１項）

条文

労働者は、その養育する子について、その事業主に申し出ることにより、**出生時育児休業**をすることができる。ただし、**期間を定めて雇用される者**にあっては、その養育する子の**出生の日**（出産予定日前に当該子が出生した場合にあっては、当該出産予定日）から起算して８週間を経過する日の翌日から**６か月を経過する日**までに、その労働契約が満了することが明らかでない者に限り、当該申出をすることができる。

用語チェック!

出生時育児休業	育児休業のうち、子の出生の日から起算して**８週間を経過する日の翌日**まで（出産予定日前に当該子が出生した場合にあっては当該出生の日から当該出産予定日から起算して８週間を経過する日の翌日までとし、出産予定日後に当該子が出生した場合にあっては当該出産予定日から当該出生の日から起算して８週間を経過する日の翌日までとする）の期間内に**４週間以内**の期間を定めてする休業をいう。

○◯**ちょっとアドバイス!**◯○

□労働者は、その養育する子について次のいずれかに該当する場合には、当該子については、出生時育児休業の申出を**することができない**。

a）当該子の出生の日から起算して８週間を経過する日の翌日までの期間（当該子を養育していない期間を除く）内に**２回**の出生時育児休業（第４項に規定する出生時育児休業申出によりする出生時育児休業を除く）をした場合

b）当該子の出生の日（出産予定日後に当該子が出生した場合にあっては、当該出産予定日）以後に出生時育児休業をする日数（出生時育児休業を開始する日から出生時育児休業を終了する日までの日数とする）が**28日に達している**場合

4　介護休業の申出（法 11 条 1 項）

条文

労働者は、その事業主に**申し出る**ことにより、**介護休業**をすることができる。ただし、**期間を定めて雇用される者**にあっては、介護休業開始予定日から起算して**93 日**を経過する日から**6 か月**を経過する日までに、その労働契約が満了することが明らかでない者に限り、当該申出をすることができる。

○◯ちょっとアドバイス！◯○

□介護休業をしたことがある労働者は、当該介護休業に係る対象家族が次のいずれかに該当する場合には、当該対象家族については、介護休業の申出を**することができない**。

a）当該対象家族について**3 回**の介護休業をした場合

b）当該対象家族について介護休業をした日数（介護休業を開始した日から介護休業を終了した日までの日数とし、2 回以上の介護休業をした場合にあっては、介護休業ごとに、当該介護休業を開始した日から当該介護休業を終了した日までの日数を合算して得た日数とする）が**93 日**に達している場合

第３節　パートタイム・有期雇用労働法

1　目的（法 1 条）

条文

この法律は、我が国における少子高齢化の進展、就業構造の変化等の社会経済情勢の変化に伴い、短時間・有期雇用労働者の果たす役割の重要性が増大していることに鑑み、短時間・有期雇用労働者について、その適正な労働条件の確保、雇用管理の改善、通常の労働者への転換の推進、職業能力の開発及び向上等に関する措置等を講ずることにより、通常の労働者との**均衡のとれた待遇の確保**等を図ることを通じて短時間・有期雇用労働者がその有する能力を有効に発揮することができるようにし、もってその福祉の増進を図り、あわせて経済及び社会の発展に寄与することを目的とする。

用語チェック！

短時間労働者	1 週間の所定労働時間が同一の事業主に雇用される通常の労働者の１週間の所定労働時間に比し短い労働者をいう。
有期雇用労働者	事業主と期間の定めのある労働契約を締結している労働者をいう。
短時間・有期雇用労働者	短時間労働者及び有期雇用労働者をいう。

２　雇用管理の改善に関する具体的措置

(1)　不合理な待遇の禁止（法８条）

条文

事業主は、その雇用する短時間・有期雇用労働者の基本給、賞与その他の待遇のそれぞれについて、当該待遇に対応する通常の労働者の待遇との間において、当該短時間・有期雇用労働者及び通常の労働者の業務の内容及び当該業務に伴う責任の程度（以下「職務の内容」という）、当該職務の内容及び配置の変更の範囲その他の事情のうち、当該待遇の性質及び当該待遇を行う目的に照らして適切と認められるものを考慮して、不合理と認められる相違を設けてはならない。

(2)　通常の労働者と同視すべき短時間・有期雇用労働者に対する差別的取扱いの禁止（法９条）

条文

事業主は、通常の労働者と同視すべき短時間・有期雇用労働者については、短時間・有期雇用労働者であることを理由として、基本給、賞与その他の待遇のそれぞれについて、差別的取扱いをしてはならない。

用語チェック！

通常の労働者と同視すべき短時間・有期雇用労働者	職務内容同一短時間・有期雇用労働者であって、当該事業所における慣行その他の事情からみて、当該事業主との雇用関係が終了するまでの全期間において、その職務の内容及び配置が当該通常の労働者の職務の内容及び配置の変更の範囲と同一の範囲で変

	更されることが見込まれるものをいう。
職務内容同一短時間・有期雇用労働者	**職務の内容**が通常の労働者と同一の短時間・有期雇用労働者をいう。

(3) 通常の労働者と同視すべき短時間･有期雇用労働者以外の者に係る労働条件

条文

【賃金（法 10 条）】

事業主は、通常の労働者との均衡を考慮しつつ、その雇用する**短時間・有期雇用労働者**（通常の労働者と同視すべき短時間・有期雇用労働者を**除く**）の**職務の内容**、**職務の成果**、**意欲**、**能力又は経験**その他の就業の実態に関する事項を勘案し、その**賃金**（通勤手当その他の厚生労働省令で定めるものを除く*1）を決定するように努めるものとする。

【教育訓練（法 11 条）】

1）事業主は、通常の労働者に対して実施する**教育訓練**であって、当該通常の労働者が従事する職務の遂行に必要な能力を付与するためのものについては、**職務内容同一短時間・有期雇用労働者**（通常の労働者と同視すべき短時間・有期雇用労働者を**除く**）が既に当該職務に必要な能力を有している場合その他の厚生労働省令で定める場合を除き、職務内容同一短時間・有期雇用労働者に対しても、これを実施しなければならない。

2）事業主は、前項に定めるもののほか、通常の労働者との均衡を考慮しつつ、その雇用する**短時間・有期雇用労働者**（通常の労働者と同視すべき短時間・有期雇用労働者を**除く**）の職務の内容、職務の成果、意欲、能力及び経験その他の就業の実態に関する事項に応じ、当該短時間・有期雇用労働者に対して教育訓練を実施するように努めるものとする。

○◯ **ちょっとアドバイス！** ◯○

□＊1「厚生労働省令で定める賃金」は、**通勤手当**、**家族手当**、**住宅手当**、**別居手当**、**子女教育手当**その他名称の如何を問わず支払われる賃金（職務の内容に密接に関連して支払われるものを除く）とする。

Advance

□事業主は、**常時 10 人以上の短時間・有期雇用労働者**を雇用する事業所ごとに、短時間・有期雇用労働者の雇用管理の改善等に関する事項を管理させるため、**短時間・有期雇用管理者**を選任するように努めるものとする。

第4節　次世代育成支援対策推進法

1　目的（法1条）

条文

この法律は、我が国における急速な少子化の進行並びに家庭及び地域を取り巻く環境の変化にかんがみ、次世代育成支援対策に関し、基本理念を定め、並びに国、地方公共団体、事業主及び国民の責務を明らかにするとともに、**行動計画策定指針**並びに地方公共団体及び事業主の**行動計画の策定**その他の次世代育成支援対策を推進するために必要な事項を定めることにより、次世代育成支援対策を迅速かつ重点的に推進し、もって次代の社会を担う子どもが健やかに生まれ、かつ、育成される社会の形成に資することを目的とする。

用語チェック！

次世代育成支援対策	次代の社会を担う子どもを育成し、又は育成しようとする家庭に対する支援その他の次代の社会を担う子どもが健やかに生まれ、かつ、育成される環境の整備のための国若しくは地方公共団体が講ずる施策又は事業主が行う雇用環境の整備その他の取組をいう。

2　一般事業主行動計画の策定等（法12条）

条文

1）国及び地方公共団体以外の事業主（以下「**一般事業主**」という）であって、常時雇用する労働者の数が**100人を超える**ものは、行動計画策定指針に即して、**一般事業主行動計画**（一般事業主が実施する次世代育成支援対策に関する計画をいう）を策定し、**厚生労働大臣**にその旨を**届け出**なければならない。これを変更したときも同様とする。

5）一般事業主であって、常時雇用する労働者の数が**100人以下**のものは、行動計画策定指針に即して、一般事業主行動計画を策定し、**厚生労働大臣**にその旨を届け出るよう努めなければならない。これを変更したときも同様とする。

ここをチェック！

□一般事業主行動計画の届出をした一般事業主で、厚生労働大臣に申請し、当該一般事業主行動計画に定めた目標を達成したこと等の認定を受けたもの（**認定一般事業主**）は、広告等に厚生労働大臣の定める表示（次世代認定マーク・愛称：**くるみん・トライくるみん**）を付することができる。

□認定一般事業主で、厚生労働大臣に申請し、当該認定一般事業主の次世代育成支援対策の実施の状況が**優良**なものであること等の認定を受けたもの（**特例認定一般事業主**）は、広告等に厚生労働大臣の定める表示（特例認定：**プラチナくるみん**）を付することができる。

第５節　女性活躍推進法

1　目的（法１条）

条文

この法律は、近年、自らの意思によって職業生活を営み、又は営もうとする女性がその個性と能力を十分に発揮して職業生活において活躍すること（以下「**女性の職業生活における活躍**」という）が一層重要となっていることに鑑み、**男女共同参画社会基本法**の基本理念にのっとり、女性の職業生活における活躍の推進について、その基本原則を定め、並びに国、地方公共団体及び事業主の責務を明らかにするとともに、基本方針及び事業主の行動計画の策定、女性の職業生活における活躍を推進するための支援措置等について定めることにより、女性の職業生活における活躍を迅速かつ重点的に推進し、もって男女の人権が尊重され、かつ、急速な少子高齢化の進展、国民の需要の多様化その他の社会経済情勢の変化に対応できる豊かで活力ある社会を実現することを目的とする。

2　一般事業主行動計画の策定等（法８条１項）

条文

国及び地方公共団体以外の事業主（以下「**一般事業主**」という）であって、常時雇用する労働者の数が **100 人を超える**ものは、事業主行動計画策定指針に即して、一般事業主行動計画（一般事業主が実施する女性の職業生活における活躍の推進に関する取組に関する計画をいう）を定め、厚生労働大臣に届け出なければならない。これを変更したときも、同様とする。

ここをチェック！

□一般事業主であって、常時雇用する労働者の数が100人以下ものは、一般事業主行動計画を定め、厚生労働大臣に届け出るよう努めなければならない。

□一般事業主行動計画の届出をした一般事業主で、厚生労働大臣に申請し、女性の職業生活における活躍の推進に関する取組に関し、当該取組の実施の状況が優良なものであること等の認定を受けたもの（認定一般事業主）は、商品等に厚生労働大臣の定める表示（愛称：えるぼし）を付することができる。

□認定一般事業主で、厚生労働大臣に申請し、当該女性の職業生活における活躍の推進に関する取組の実施の状況が特に優良なものであること等の認定を受けたもの（特例認定一般事業主）は、商品等に厚生労働大臣の定める表示（愛称：プラチナえるぼし）を付することができる。

第３章　賃金等に関する法令

第１節　最低賃金法

１　目的（法１条）

条文

この法律は、賃金の低廉な労働者について、賃金の最低額を保障することにより、労働条件の改善を図り、もって、労働者の生活の安定、労働力の質的向上及び事業の公正な競争の確保に資するとともに、国民経済の健全な発展に寄与することを目的とする。

２　最低賃金額（法３条）

条文

最低賃金額（最低賃金において定める賃金の額をいう）は、時間によって定めるものとする。

○◯ちょっとアドバイス！◯○

□使用者は、最低賃金の適用を受ける労働者に対し、その**最低賃金額以上**の賃金を支払わなければならない。

□労働者が**２以上**の最低賃金の適用を受ける場合は、これらにおいて定める最低賃金額のうち**最高のもの**により適用する。

３　地域別最低賃金と特定最低賃金

(1)　地域別最低賃金の原則（法９条１項）

条文

賃金の低廉な労働者について、賃金の最低額を保障するため、**地域別最低賃金**（一定の地域ごとの最低賃金をいう）は、**あまねく全国各地域**について決定されなければならない。

○◯ちょっとアドバイス！◯○

□**厚生労働大臣**又は**都道府県労働局長**は、一定の地域ごとに、**中央最低賃金審議会**又は**地方最低賃金審議会**の調査審議を求め、その意見を聴いて、地域別最低賃金の決定をしなければならない。

□**派遣中の労働者**については、その**派遣先**の事業の事業場の所在地を含む地域について決定された地域別最低賃金において定める最低賃金額により最低賃金の効力の規定を適用する。

(2)　特定最低賃金の決定等（法15条１項）

条文

労働者又は使用者の全部又は一部を代表する者は、**厚生労働大臣**又は**都道府県労働局長**に対し、当該労働者若しくは使用者に適用される一定の事業若しくは職業に係る最低賃金（以下「**特定最低賃金**」という）の決定又は当該労働者若しくは使用者に現に適用されている特定最低賃金の改正若しくは廃止の決定をするよう**申し出**ることができる。

○◯ちょっとアドバイス！◯○

□特定最低賃金において定める最低賃金額は、当該特定最低賃金の適用を受ける使用者の事業場の所在地を含む地域について決定された地域別最低賃金において定める最低賃金額を**上回る**ものでなければならない。

第２節　賃金の支払の確保等に関する法律

1　目的（法１条）

条文

この法律は、景気の変動、産業構造の変化その他の事情により企業経営が安定を欠くに至った場合及び労働者が事業を退職する場合における賃金の支払等の適正化を図るため、貯蓄金の保全措置及び事業活動に著しい支障を生じたことにより賃金の支払を受けることが困難となった労働者に対する保護措置その他賃金の支払の確保に関する措置を講じ、もって労働者の生活の安定に資することを目的とする。

2　未払賃金の立替払（法７条）

条文

政府は、**労働者災害補償保険**の適用事業に該当する事業の事業主（**１年以上**の期間にわたって当該事業を行っていたものに**限る**）が**破産手続開始の決定**を受け、その他政令で定める事由に該当することとなった場合において、当該事業に従事する労働者で政令で定める期間内に当該事業を退職したものに係る**未払賃金**（支払期日の経過後まだ支払われていない賃金をいう）があるときは、当該労働者の**請求**に基づき、当該未払賃金に係る債務のうち政令で定める範囲内のものを当該**事業主に代わって**弁済するものとする。

○◯**ちょっとアドバイス!**◯○

□「**立替払の対象となる未払賃金の範囲**」は、未払賃金に係る債務のうち、請求をする者に係る**未払賃金総額**（その額が、次に掲げる請求をする者の区分に応じ、当該定める額を超えるときは、当該定める額）の**100分の80**に相当する額に対応する部分とする。

基準退職日における年齢	未払総額の上限	立替払額の上限
30歳未満である者	**110万円**	88万円

30歳以上45歳未満である者	220万円	176万円
45歳以上である者	370万円	296万円

用語チェック！

基準退職日	立替払の対象となる期間内にした当該事業からの退職の日をいう。
未払賃金総額	基準退職日以前の労働に対する賃金及び基準退職日にした退職に係る退職手当であって、基準退職日の6か月前の日から請求の日の前日までの間に支払期日が到来し、当該支払期日後まだ支払われていないものの額の総額をいい、当該総額が2万円未満であるものを除く。

第4章 労使関係に関する法令

第1節 労働組合法

1 目的（法1条1項）

条文

この法律は、労働者が使用者との交渉において対等の立場に立つことを促進することにより労働者の地位を向上させること、労働者がその労働条件について交渉するために自ら代表者を選出することその他の団体行動を行うために自主的に労働組合を組織し、団結することを擁護すること並びに使用者と労働者との関係を規制する労働協約を締結するための団体交渉をすること及びその手続を助成することを目的とする。

用語チェック！

労働者	職業の種類を問わず、賃金、給料その他これに準ずる収入によって生活する者をいう。

□労働組合法の「労働者」には、失業者が含まれる。

２　労働組合の定義（法２条）

条文

この法律で「**労働組合**」とは、労働者が主体となって**自主的に**労働条件の維持改善その他経済的地位の向上を図ることを主たる目的として組織する団体又はその連合団体をいう。

○○**ちょっとアドバイス!**○○

□次のいずれかに該当するものは、労働組合とは認められない。

a）**役員**、雇入解雇昇進又は異動に関して直接の権限を持つ**監督的地位にある労働者**、使用者の労働関係についての計画と方針とに関する機密の事項に接し、そのためにその職務上の義務と責任とが当該労働組合の組合員としての誠意と責任とに直接に抵触する監督的地位にある労働者その他**使用者の利益を代表する者**の参加を許すもの

b）団体の運営のための経費の支出につき使用者の**経理上の援助**を受けるもの

c）共済事業その他福利事業のみを目的とするもの

d）**主として**政治運動又は社会運動を目的とするもの

３　不当労働行為（法７条）

条文

使用者は、次の各号に掲げる行為をしてはならない。

イ）次のいずれかに当たること。

a）労働者が労働組合の組合員であること、労働組合に加入し、若しくはこれを結成しようとしたこと若しくは労働組合の正当な行為をしたことの故をもって、その労働者を解雇し、その他これに対して不利益な取扱いをすること。

b）労働者が労働組合に加入せず、若しくは労働組合から脱退することを雇用条件とすること（「**黄犬契約**」という）。

ロ）使用者が雇用する労働者の代表者と団体交渉をすることを正当な理由がなくて拒むこと。

ハ）労働者が労働組合を結成し、若しくは運営することを支配し、若しくはこれに介入すること、又は労働組合の運営のための経費の支払につき経理上の援助を与えること。

ニ）労働者が、次のいずれかに該当したことを理由として、その労働者を解雇し、その他これに対して不利益な取扱いをすること。〈特殊不当労働行為〉

a）労働委員会に対し使用者がこの条の規定に違反した旨の申立てをしたこと。

b）中央労働委員会に対し救済命令等の規定による命令に対する再審査の申立てをしたこと。

c）労働委員会がこれらの申立てに係る調査若しくは審問をし、若しくは当事者に和解を勧め、若しくは労働関係調整法による労働争議の調整をする場合に労働者が証拠を提示し、若しくは発言をしたこと。

4　労働協約（法14条）

条文

労働組合と使用者又はその団体との間の労働条件その他に関する**労働協約**は、**書面に作成**し、両当事者が署名し、又は記名押印することによってその効力を生ずる。

○○ **ちょっとアドバイス！** ○○

□労働協約には、**３年**をこえる有効期間の定をすることができない。3年をこえる有効期間の定をした労働協約は、**３年の有効期間**の定をした労働協約とみなす。

第２節　労働関係調整法

1　目的（法１条）

条文

この法律は、**労働組合法**と相まって、労働関係の公正な調整を図り、**労働争議**を予防し、又は解決して、産業の平和を維持し、もって経済の興隆に寄与することを目的とする。

用語チェック！

労働争議	労働関係の当事者間において、労働関係に関する主張が一致しないで、そのために争議行為が発生している状態又は発生する虞がある状態をいう。
争議行為	同盟罷業、怠業、作業所閉鎖その他労働関係の当事者が、その主張を貫徹することを目的として行う行為及びこれに対抗する行為であって、業務の正常な運営を阻害するものをいう。

ここをチェック！

□争議行為が発生したときは、その当事者は、直ちにその旨を労働委員会又は都道府県知事に届け出なければならない。

□代表的な「争議行為」には、次のような行動がある。

同盟罷業（ストライキ）	労働者が団結して労働力の提供を拒否し、労働力を使用者に利用させない行為のこと。一部スト、部分スト、波状スト等がある。
怠業（サボタージュ）	表面的には仕事を継続しながら、労働者が団結して仕事の効率を落とす（部分的に使用者の指揮命令に従わない）こと。
作業所閉鎖（ロックアウト）	使用者が、労働者に対して作業所を閉鎖して労働者を就業不能の状態におき、労働者の提供する労務の受領を拒否すること。

第３節　労働契約法

1　目的（法１条）

条文

この法律は、労働者及び使用者の自主的な交渉の下で、労働契約が合意により成立し、又は変更されるという合意の原則その他労働契約に関する基本的事項を定めることにより、合理的な労働条件の決定又は変更が円滑に行われるようにすることを通じて、労働者の保護を図りつつ、個別の労働関係の安定に資することを目的とする。

用語チェック！

労働者	使用者に使用されて労働し、賃金を支払われる者をいう。
使用者	その使用する労働者に対して賃金を支払う者をいう。

ちょっとアドバイス！

□労働契約法は、国家公務員及び地方公務員については、適用しない。

□労働契約法は、使用者が同居の親族のみを使用する場合の労働契約については、適用しない。

2　労働契約の原則（法３条）

条文

1）労働契約は、労働者及び使用者が**対等の立場**における**合意**に基づいて締結し、又は変更すべきものとする。〈**労使対等の原則**〉

2）労働契約は、労働者及び使用者が、就業の**実態**に応じて、**均衡**を考慮しつつ締結し、又は変更すべきものとする。〈**均衡考慮の原則**〉

3）労働契約は、労働者及び使用者が仕事と生活の**調和**にも配慮しつつ締結し、又は変更すべきものとする。〈**調和配慮の原則**〉

4）労働者及び使用者は、労働契約を遵守するとともに、**信義**に従い**誠実**に、権利を行使し、及び義務を履行しなければならない。〈**信義誠実の原則**〉

5）労働者及び使用者は、労働契約に基づく権利の行使に当たっては、それを**濫用**することがあってはならない。〈**権利濫用禁止の原則**〉

3　労働契約の成立及び変更

条文

【労働契約の成立（法６条）】

労働契約は、労働者が使用者に使用されて労働し、使用者がこれに対して賃金を支払うことについて、労働者及び使用者が**合意**することによって成立する。〈**合意の原則**〉

【労働契約の内容の変更（法８条）】

労働者及び使用者は、その**合意**により、労働契約の内容である労働条件

を変更することができる。〈合意の原則〉

【就業規則による労働契約の内容の変更（法９条）】

使用者は、労働者と合意することなく、就業規則を変更することにより、労働者の不利益に労働契約の内容である労働条件を変更することはできない。ただし、第10条の場合は、この限りでない。

【変更後の就業規則の規範性（法10条）】

使用者が就業規則の変更により労働条件を変更する場合において、変更後の就業規則を労働者に周知させ、かつ、就業規則の変更が、労働者の受ける不利益の程度、労働条件の変更の必要性、変更後の就業規則の内容の相当性、労働組合等との交渉の状況その他の就業規則の変更に係る事情に照らして合理的なものであるときは、労働契約の内容である労働条件は、当該変更後の就業規則に定めるところによるものとする。ただし、労働契約において、労働者及び使用者が就業規則の変更によっては変更されない労働条件として合意していた部分については、第12条に該当する場合を除き、この限りでない。〈特約優先〉

【就業規則違反の労働契約（法12条）】

就業規則で定める基準に達しない労働条件を定める労働契約は、その部分については、無効とする。この場合において、無効となった部分は、就業規則で定める基準による。

第４節　個別労働関係紛争解決促進法

1　目的（法１条）

条文

この法律は、労働条件その他労働関係に関する事項についての個々の労働者と事業主との間の紛争（労働者の募集及び採用に関する事項についての個々の求職者と事業主との間の紛争を含む。以下「個別労働関係紛争」という）について、あっせんの制度を設けること等により、その実情に即した迅速かつ適正な解決を図ることを目的とする。

○◯ちょっとアドバイス!◯○

□個別労働関係紛争が生じたときは、当該個別労働関係紛争の当事者は、**早期に**、かつ、**誠意をもって**、**自主的な解決**を図るように努めなければならない。

2　助言及び指導・あっせん委任

(1)　当事者に対する助言及び指導（法4条1項）

条文

都道府県労働局長は、個別労働関係紛争*1に関し、当該個別労働関係紛争の当事者の双方又は一方からその解決につき援助を求められた場合には、当該個別労働関係紛争の当事者に対し、必要な助言又は指導をすることができる。

○◯ちょっとアドバイス!◯○

□*1 この場合の「**個別労働関係紛争**」からは、労働関係調整法に規定する労働争議に当たる紛争等は**除かれる**。

(2)　あっせんの委任（法5条1項）

条文

都道府県労働局長は、個別労働関係紛争*2について、当該個別労働関係紛争の当事者の双方又は一方からあっせんの申請があった場合において当該個別労働関係紛争の解決のために必要があると認めるときは、**紛争調整委員会**にあっせんを行わせるものとする。

○◯ちょっとアドバイス!◯○

□*2 この場合の「**個別労働関係紛争**」からは、労働者の募集及び採用に関する事項についての紛争は**除かれる**。

第3部

社会保険に関する一般常識

第１章　国民健康保険法

第１節　総則

1　目的等・都道府県国保

(1)　目的等

条文

【この法律の目的（法１条）】

この法律は、国民健康保険事業の健全な運営を確保し、もって**社会保障**及び**国民保健**の向上に寄与することを目的とする。

【国民健康保険（法２条）】

国民健康保険は、被保険者の**疾病**、**負傷**、**出産**又は**死亡**に関して必要な保険給付を行うものとする。

(2)　保険者（法３条）

条文

1）**都道府県**は、当該都道府県内の**市町村**（特別区を含む。以下同じ）とともに、この法律の定めるところにより、国民健康保険を行うものとする。

2）**国民健康保険組合**は、この法律の定めるところにより、国民健康保険を行うことができる。

(3)　都道府県等が行う国民健康保険の被保険者（法５条）

条文

都道府県の区域内に住所を有する者は、当該都道府県が当該都道府県内の**市町村**とともに行う国民健康保険の被保険者とする。

ここをチェック！

□次のいずれかに該当する者は、都道府県が当該都道府県内の市町村とともに行う国民健康保険（「**都道府県等が行う国民健康保険**」という）の被保険者としない。

a）健康保険法の規定による被保険者（ただし、日雇特例被保険者を除く）
b）船員保険法の規定による被保険者
c）国家公務員共済組合法又は地方公務員等共済組合法に基づく共済組合の組合員
d）私立学校教職員共済法の規定による私立学校教職員共済制度の加入者
e）健康保険法の規定による被扶養者（ただし、日雇特例被保険者の被扶養者を除く）
f）船員保険法、国家公務員共済組合法又は地方公務員等共済組合法の規定による被扶養者
g）健康保険法の規定により日雇特例被保険者手帳の交付を受け、その手帳に健康保険印紙をはり付けるべき余白がなくなるに至るまでの間にある者及びその者の被扶養者（ただし、日雇特例被保険者の適用除外の承認を受けて日雇特例被保険者とならない期間内にある者及び当該日雇特例被保険者手帳を返納した者並びにその者の被扶養者を除く）
h）高齢者の医療の確保に関する法律の規定による被保険者
i）生活保護法による保護を受けている世帯（その保護を停止されている世帯を除く）に属する者
j）国民健康保険組合の被保険者
k）その他特別の理由がある者で厚生労働省令で定めるもの

2　国民健康保険組合

(1)　組織等

条文

【組織（法13条）】

1）国民健康保険組合（以下「組合」という）は、同種の事業又は業務に従事する者で当該組合の地区内に住所を有するものを組合員として組織する。

2）前項の組合の地区は、1又は2以上の市町村の区域によるものとする。ただし、特別の理由があるときは、この区域によらないことができる。

【設立（法17条）】

1）組合を設立しようとするときは、主たる事務所の所在地の都道府県知事の認可を受けなければならない。
2）前項の認可の申請は、15人以上の発起人が規約を作成し、組合員となるべき者300人以上の同意を得て行うものとする。

(2)　被保険者（法19条）

条文

1）組合員及び組合員の世帯に属する者は、当該組合が行う国民健康保険の被保険者とする。ただし、適用除外の事由（j)を除く）のいずれかに該当する者及び他の組合が行う国民健康保険の被保険者は、この限りでない。
2）前項の規定にかかわらず、組合は、規約の定めるところにより、組合員の世帯に属する者を包括して被保険者としないことができる。

第2節　保険給付

1　国民健康保険の保険給付（法36条ほか）

Outline

【法定必須給付】すべての市町村及び国民健康保険組合が必ず実施しなければならない給付をいう。

療養の給付、入院時食事療養費、入院時生活療養費、保険外併用療養費、療養費、訪問看護療養費、移送費、高額療養費、高額介護合算療養費、特別療養費

【法定任意給付】条例又は規約の定めるところにより、原則として実施しなければならないが、特別の理由があるときは、その全部又は一部を行わないことができる給付をいう。

出産育児一時金、葬祭費、葬祭の給付

【任意給付】条例又は規約の定めるところにより、実施することができる給付をいう。

傷病手当金その他の保険給付

2　特別療養費（法 54 条の 3 第 1 項）

条文　改正

市町村及び組合は、保険料滞納世帯主等が、当該保険料の納期限から厚生労働省令で定める期間（1 年間）が経過するまでの間に、当該市町村又は組合が保険料納付の勧奨等を行ってもなお当該保険料を納付しない場合においては、当該保険料の滞納につき災害その他の政令で定める特別の事情があると認められる場合を除き、当該世帯に属する被保険者*1 が保険医療機関等から療養を受けたとき、又は指定訪問看護事業者から指定訪問看護を受けたときは、その療養又は指定訪問看護に要した費用について、療養の給付又は入院時食事療養費等*2 に代えて、当該保険料滞納世帯主等に対し、特別療養費を支給する。

用語チェック！

保険料滞納世帯主等	保険料を滞納している世帯主（当該市町村の区域内に住所を有する世帯主に限る）又は組合員をいう。
保険料納付の勧奨等	保険料の納付の勧奨及び当該保険料の納付に係る相談の機会の確保その他厚生労働省令で定める保険料の納付に資する取組をいう。

ちょっとアドバイス！

□＊1「被保険者」のうち、18 歳に達する日以後の最初の 3 月 31 日までの間にある者は除く。

□＊2「入院時食事療養費等」とは、入院時食事療養費、入院時生活療養費、保険外併用療養費、療養費又は訪問看護療養費をいう。

Advance

◆保険給付の一時差止め（法 63 条の 2）　改正

1）市町村及び組合は、保険給付を受けることができる世帯主又は組合員が保険料を滞納しており、かつ、当該保険料の納期限から厚生労働省令で定める期間（1 年 6 か月間）が経過するまでの間に、当該市町村又は組合が保険料納付の勧奨等を行ってもなお当該保険料を納付しない場合においては、当該保険料の滞納につき災害その他の政令で定める特別の事情があると認められる場合を除き、保険給付の全部又は一部の支払を一時差し止めるものとする。

3）市町村及び組合は、法 54 条の 3 第 1 項又は第 2 項本文（特別療養費）の規定

第3部　社会保険に関する一般常識

の適用を受けている世帯主又は組合員であって、前２項の規定による保険給付の全部又は一部の支払の一時差止がなされているものが、なお滞納している保険料を納付しない場合においては、あらかじめ、当該世帯主又は組合員に通知して、当該一時差止に係る保険給付の額から当該世帯主又は組合員が滞納している保険料額を控除することができる。

第３節　費用の負担・不服申立て

１　保険料の徴収（法 76 条）

条文

1）市町村は、当該市町村の国民健康保険に関する特別会計において負担する国民健康保険事業費納付金の納付に要する費用（当該市町村が属する都道府県の国民健康保険に関する特別会計において負担する前期高齢者納付金等及び後期高齢者支援金等、介護納付金並びに流行初期医療確保拠出金等の納付に要する費用を含む）、財政安定化基金拠出金の納付に要する費用その他の国民健康保険事業に要する費用に充てるため、被保険者の属する世帯の世帯主（当該市町村の区域内に住所を有する世帯主に限る）から保険料を徴収しなければならない。ただし、地方税法の規定により国民健康保険税を課するときは、この限りでない。

2）組合は、療養の給付等に要する費用その他の国民健康保険事業に要する費用（前期高齢者納付金等及び後期高齢者支援金等、介護納付金並びに流行初期医療確保拠出金等の納付に要する費用を含み、健康保険法に規定する組合にあっては、日雇拠出金の納付に要する費用を含む）に充てるため、組合員から保険料を徴収しなければならない。

２　保険料の徴収方法（法 76 条の３第１項）

条文

市町村による保険料の徴収については、特別徴収の方法による場合を除くほか、普通徴収の方法によらなければならない。

【特別徴収】

市町村が老齢等年金給付[*1]を受ける被保険者である世帯主（政令で定める

ものを除く）から、老齢等年金給付の支払をする者に保険料を徴収させ、かつ、その徴収すべき保険料を納入させる方法をいう。

特別徴収の対象となる年金額は、**年額 18 万円以上**とする。

【普通徴収】

市町村が**世帯主**に対し、地方自治法の規定により納入の通知をすることによって保険料を徴収する方法をいう。

○◯ちょっとアドバイス！◯○

□＊1「**老齢等年金給付**」とは、国民年金法による老齢基礎年金その他の同法又は厚生年金保険法による**老齢、障害又は死亡**を支給事由とする年金たる給付であって政令で定めるもの等をいう。

3　審査請求（法 91 条 1 項）

条文

保険給付に関する処分又は**保険料**その他この法律の規定による徴収金に関する処分に不服がある者は、**国民健康保険審査会**に**審査請求**をすることができる。

○◯ちょっとアドバイス！◯○

□国民健康保険審査会は、**各都道府県**に置く。

第 2 章　介護保険法

第 1 節　総則・被保険者

1　目的及び保険者

(1)　目的等

条文

【目的（法 1 条）】

この法律は、加齢に伴って生ずる心身の変化に起因する疾病等により**要**

介護状態となり、入浴、排せつ、食事等の介護、機能訓練並びに看護及び療養上の管理その他の医療を要する者等について、これらの者が尊厳を保持し、その有する能力に応じ自立した日常生活を営むことができるよう、必要な保健医療サービス及び福祉サービスに係る給付を行うため、国民の共同連帯の理念に基づき介護保険制度を設け、その行う保険給付等に関して必要な事項を定め、もって国民の保健医療の向上及び福祉の増進を図ることを目的とする。

【介護保険（法２条１項）】

介護保険は、被保険者の要介護状態又は要支援状態（以下「要介護状態等」という）に関し、必要な保険給付を行うものとする。

用語チェック！

要介護状態	身体上又は精神上の障害があるために、入浴、排せつ、食事等の日常生活における基本的な動作の全部又は一部について、６か月間にわたり継続して、常時介護を要すると見込まれる状態であって、その介護の必要の程度に応じて厚生労働省令で定める区分（以下「要介護状態区分」という）のいずれかに該当するもの（要支援状態に該当するものを除く）をいう。
要支援状態	身体上若しくは精神上の障害があるために入浴、排せつ、食事等の日常生活における基本的な動作の全部若しくは一部について６か月間にわたり継続して常時介護を要する状態の軽減若しくは悪化の防止に特に資する支援を要すると見込まれ、又は身体上若しくは精神上の障害があるために６か月間にわたり継続して日常生活を営むのに支障があると見込まれる状態であって、支援の必要の程度に応じて厚生労働省令で定める区分（以下「要支援状態区分」という）のいずれかに該当するものをいう。

(2)　保険者（法３条１項）

条文

市町村及び特別区は、この法律の定めるところにより、介護保険を行うものとする。

2　被保険者（法９条）

条文

次のいずれかに該当する者は、**市町村又は特別区**（以下単に「市町村」という）が行う介護保険の被保険者とする。

イ）市町村の区域内に住所を有する**65歳以上**の者（以下「**第１号被保険者**」という）

ロ）市町村の区域内に住所を有する**40歳以上65歳未満**の**医療保険加入者**（以下「**第２号被保険者**」という）

用語チェック！

医療保険加入者	a）健康保険法の規定による被保険者（日雇特例被保険者を除く） b）船員保険法の規定による被保険者 c）国民健康保険法の規定による被保険者 d）国家公務員共済組合法又は地方公務員等共済組合法に基づく共済組合の組合員 e）私立学校教職員共済法の規定による私立学校教職員共済制度の加入者 f）健康保険法、船員保険法、国家公務員共済組合法又は地方公務員等共済組合法の規定による被扶養者（日雇特例被保険者の被扶養者を除く） g）健康保険法の規定により日雇特例被保険者手帳の交付を受け、その手帳に健康保険印紙をはり付けるべき余白がなくなるに至るまでの間にある者及びその者の被扶養者

第２節　保険給付等

1　介護認定及び介護認定審査会

(1)　保険給付の種類（法18条）

条文

この法律による保険給付は、次に掲げる保険給付とする。

イ）被保険者の要介護状態に関する保険給付（以下「**介護給付**」という）

ロ）被保険者の要支援状態に関する保険給付（以下「**予防給付**」という）

ハ）イ)又はロ)に掲げるもののほか、要介護状態等の軽減又は悪化の防止に資する保険給付として**条例**で定めるもの（「**市町村特別給付**」という）

(2) 市町村の認定（法 19 条）

条文

1）介護給付を受けようとする被保険者は、**要介護者**に該当すること及びその該当する要介護状態区分について、**市町村の認定**（以下「**要介護認定**」という）を受けなければならない。

2）予防給付を受けようとする被保険者は、**要支援者**に該当すること及びその該当する**要支援状態区分**について、**市町村の認定**（以下「**要支援認定**」という）を受けなければならない。

用語チェック！

要介護者	a）要介護状態にある **65 歳以上**の者　又は b）要介護状態にある **40 歳以上 65 歳未満**の者であって、その要介護状態の原因である身体上又は精神上の障害が**特定疾病**によって生じたものであるもの 「**特定疾病**」とは、加齢に伴って生ずる心身の変化に起因する疾病であって政令で定めるものをいう。
要支援者	a）要支援状態にある **65 歳以上**の者　又は b）要支援状態にある **40 歳以上 65 歳未満**の者であって、その要支援状態の原因である身体上又は精神上の障害が**特定疾病**によって生じたものであるもの

(3) 介護認定審査会（法 14 条）

条文

要介護認定及び要支援認定等の**審査判定業務**を行わせるため、**市町村**に**介護認定審査会**（以下「認定審査会」という）を置く。

2　要介護認定ほか

(1)　要介護認定の流れ（法 27 条）＊要支援認定も同様（法 32 条）

【step.1】<被保険者 → 市町村>

要介護認定を受けようとする被保険者は、申請書に**被保険者証**を添付して**市町村**に**申請**をしなければならない。

【step.2】<市町村 → 職員・主治の医師>

市町村は、申請があったときは、当該職員をして、当該申請に係る被保険者に**面接**させ、その心身の状況、その置かれている環境その他厚生労働省令で定める事項について**調査**をさせるものとする。

市町村は、申請があったときは、当該申請に係る被保険者の**主治の医師**に対し、当該被保険者の身体上又は精神上の障害の原因である疾病又は負傷の状況等につき**意見を求める**ものとする。

【step.3】<市町村 → 認定審査会>

市町村は、調査（委託された場合にあっては、当該委託に係る調査を含む）の結果、主治の医師の意見又は指定する医師若しくは当該職員で医師であるものの診断の結果その他厚生労働省令で定める事項を**認定審査会**に**通知**し、申請に係る被保険者について、次に掲げる被保険者の区分に応じ、当該定める事項に関し**審査及び判定を求める**ものとする。

第 1 号被保険者	要介護状態に該当すること及びその該当する要介護状態区分
第 2 号被保険者	要介護状態に該当すること、その該当する要介護状態区分及びその要介護状態の原因である身体上又は精神上の障害が特定疾病によって生じたものであること

【step.4】<認定審査会 → 市町村>

認定審査会は、審査及び判定を求められたときは、厚生労働大臣が定める基準に従い、当該審査及び判定に係る被保険者について、一定の事項に関し審査及び判定を行い、その結果を**市町村**に**通知**するものとする。

認定審査会は、審査及び判定をするに当たって必要があると認めるときは、当該審査及び判定に係る被保険者、その家族、主治の医師その他の関係者の**意見を聴く**ことができる。

【step.5】<市町村 → 被保険者>

市町村は、通知された認定審査会の審査及び判定の結果に基づき、要介護認定をしたときは、その結果を当該要介護認定に係る**被保険者**に**通知**しなければならない。

【step.6】＜効力の発生＞

要介護認定は、その**申請のあった日にさかのぼって**その**効力**を生ずる。

(2) 要介護認定の有効期間（法28条）

条文

1）要介護認定は、要介護状態区分に応じて厚生労働省令で定める期間（以下「**有効期間**」という）**内**に限り、その効力を有する。

2）要介護認定を受けた被保険者は、有効期間の満了後においても要介護状態に該当すると見込まれるときは、市町村に対し、当該要介護認定の**更新**（以下「**要介護更新認定**」という）の**申請**をすることができる。

○◯**ちょっとアドバイス！**◯○

◆要介護認定有効期間

1）法28条1項の厚生労働省令で定める期間（以下「**要介護認定有効期間**」という）は、イ)に掲げる期間とロ)に掲げる期間を合算して得た期間とする。

イ）要介護認定が**効力を生じた日**から当該日が属する月の末日までの期間

ロ）**6か月間**（市町村が認定審査会の意見に基づき特に必要と認める場合にあっては、**3か月間から12か月間**までの範囲内で**月**を単位として市町村が定める期間（6か月間を除く））

2）要介護認定が効力を生じた日が月の初日である場合にあっては、**ロ)の期間**を要介護認定有効期間とする。（＊要支援認定の「要支援認定有効期間」についても、同様である）

□要介護更新認定を受けた場合、有効期間の満了日の翌日から**12か月間**（市町村が認定審査会の意見に基づき特に必要と認める場合にあっては、**3か月間**から**48か月間**までの範囲内で月を単位として市町村が定める期間（12か月間を除く））を有効期間とする。

第３節　費用の負担・不服申立て

1　保険料（法 129 条）

条文

1）市町村は、介護保険事業に要する費用（財政安定化基金拠出金の納付に要する費用を含む）に充てるため、保険料を徴収しなければならない。

2）前項の保険料は、第１号被保険者に対し、政令で定める基準に従い条例で定めるところにより算定された保険料率により算定された保険料額によって課する。

○◯ちょっとアドバイス！◯○

□市町村は、第２号被保険者からは保険料を徴収しない。

□保険料の徴収については、特別徴収の方法による場合を除くほか、普通徴収の方法によらなければならない。

2　審査請求（法 183 条１項）

条文

保険給付に関する処分（被保険者証の交付の請求に関する処分及び要介護認定又は要支援認定に関する処分を含む）又は保険料その他この法律の規定による徴収金（財政安定化基金拠出金、納付金及び延滞金を除く）に関する処分に不服がある者は、介護保険審査会に審査請求をすることができる。

○◯ちょっとアドバイス！◯○

□介護保険審査会は、各都道府県に置く。

第３章　高齢者の医療の確保に関する法律

第１節　総則・医療費適正化の推進

１　目的（法１条）

条文

この法律は、国民の高齢期における適切な医療の確保を図るため、**医療費の適正化**を推進するための計画の作成及び保険者による**健康診査**等の実施に関する措置を講ずるとともに、高齢者の医療について、国民の**共同連帯の理念**等に基づき、**前期高齢者**に係る**保険者間の費用負担の調整**、**後期高齢者**に対する**適切な医療の給付**等を行うために必要な制度を設け、もって国民保健の向上及び高齢者の福祉の増進を図ることを目的とする。

２　医療費適正化計画等

(1)　医療費適正化基本方針及び全国医療費適正化計画（法８条１項）

条文

厚生労働大臣は、国民の高齢期における適切な医療の確保を図る観点から、医療に要する費用の適正化（以下「**医療費適正化**」という）を総合的かつ計画的に推進するため、医療費適正化に関する施策についての基本的な方針（以下「**医療費適正化基本方針**」という）を定めるとともに、**６年ごと**に、**６年を１期**として、医療費適正化を推進するための計画（以下「**全国医療費適正化計画**」という）を定めるものとする。

○◯ちょっとアドバイス！◯○

□厚生労働大臣は、医療費適正化基本方針及び全国医療費適正化計画を定め、又はこれを変更したときは、**遅滞なく**、これを公表するものとする。

(2)　都道府県医療費適正化計画（法９条１項）

条文

都道府県は、医療費適正化基本方針に即して、**６年ごと**に、**６年を１期**として、当該都道府県における医療費適正化を推進するための計画（以下

「都道府県医療費適正化計画」という）を定めるものとする。

○◯ちょっとアドバイス！◯○

□都道府県は、都道府県医療費適正化計画を定め、又はこれを変更したときは、遅滞なく、これを公表するよう努めるとともに、厚生労働大臣に提出するものとする。

第2節 後期高齢者医療制度及び費用等

1 広域連合と被保険者

(1) 後期高齢者医療と広域連合

条文

【後期高齢者医療（法47条）】

後期高齢者医療は、高齢者の疾病、負傷又は死亡に関して必要な給付を行うものとする。

【広域連合の設立（法48条）】

市町村は、後期高齢者医療の事務（保険料の徴収の事務及び被保険者の便益の増進に寄与するものとして政令で定める事務を除く）を処理するため、都道府県の区域ごとに当該区域内のすべての市町村が加入する広域連合（以下「後期高齢者医療広域連合」という）を設けるものとする。

○◯ちょっとアドバイス！◯○

□「保険料の徴収の事務」等については、市町村が行う。

(2) 被保険者（法50条）

条文

次のいずれかに該当する者は、後期高齢者医療広域連合が行う後期高齢者医療の被保険者とする。

イ）後期高齢者医療広域連合の区域内に住所を有する75歳以上の者

ロ）後期高齢者医療広域連合の区域内に住所を有する65歳以上75歳未満の者であって、政令で定める程度の障害の状態にある旨の当該後期高齢

者医療広域連合の**認定**を受けたもの

○◯ちょっとアドバイス！◯○

□次のいずれかに該当する者は、後期高齢者医療広域連合が行う後期高齢者医療の被保険者としない。

a）**生活保護法**による保護を受けている世帯（その保護を停止されている世帯を除く）に属する者
b）a）に掲げるもののほか、後期高齢者医療の適用除外とすべき特別の理由がある者で厚生労働省令で定めるもの（日本の国籍を有しない者であって、一定の者）

２　後期高齢者医療給付の種類（法56条ほか）

Outline

【法定必須給付】すべての広域連合が必ず実施しなければならない給付
療養の給付、入院時食事療養費、入院時生活療養費、保険外併用療養費、療養費、訪問看護療養費、移送費、高額療養費、高額介護合算療養費、特別療養費
【法定任意給付】条例の定めるところにより、原則として実施しなければならないが、特別の理由があるときは、その全部又は一部を行わないことができる給付
葬祭費、葬祭の給付
【任意給付】条例の定めるところにより、実施することができる給付
傷病手当金その他の後期高齢者医療給付

３　保険料（法104条１項）

条文

市町村は、後期高齢者医療に要する費用（財政安定化基金拠出金、特別高額医療費共同事業の規定による拠出金及び出産育児支援金並びに流行初期医療確保拠出金等の納付に要する費用を含む）に充てるため、保険料を徴収しなければならない。

○◯ちょっとアドバイス！◯○

□市町村による保険料の徴収については、**特別徴収**の方法による場合を除くほか、普通徴収の方法によらなければならない。

4　審査請求（法128条1項）

条文

後期高齢者医療給付に関する処分又は保険料その他の徴収金（市町村及び後期高齢者医療広域連合が徴収するものに限る）に関する処分に不服がある者は、後期高齢者医療審査会に審査請求をすることができる。

○◯（ちょっとアドバイス！）◯○

□後期高齢者医療審査会は、各都道府県に置く。

第4章　船員保険法

第1節　総則・保険給付

1　保険者等・被保険者の資格

(1)　目的（法1条）

条文

この法律は、船員又はその被扶養者の職務外の事由による疾病、負傷若しくは死亡又は出産に関して保険給付を行うとともに、労働者災害補償保険による保険給付と併せて船員の職務上の事由又は通勤による疾病、負傷、障害又は死亡に関して保険給付を行うこと等により、船員の生活の安定と福祉の向上に寄与することを目的とする。

ここをチェック！

□船員保険は、健康保険法による全国健康保険協会が、管掌する。

(2)　被保険者（法2条1項）

条文

この法律において「被保険者」とは、船員法第1条に規定する船員として船舶所有者に使用される者及び疾病任意継続被保険者をいう。

○◯ちょっとアドバイス！◯○

◆疾病任意継続被保険者（２項）

「**疾病任意継続被保険者**」とは、船舶所有者に使用されなくなったため、被保険者（独立行政法人等職員被保険者を除く）の資格を喪失した者であって、喪失の日の前日まで継続して**２か月以上**被保険者（疾病任意継続被保険者又は国家公務員共済組合法若しくは地方公務員等共済組合法に基づく共済組合の組合員である被保険者を除く）であったもののうち、**全国健康保険協会**に**申し出**て、継続して被保険者になった者をいう。ただし、健康保険の被保険者（日雇特例被保険者を除く）又は後期高齢者医療の被保険者若しくは後期高齢者医療の被保険者とならないもの（独立行政法人等職員被保険者を除く）である者は、この限りでない。

２　保険給付

Outline

①職務外の事由（通勤を除く）による保険給付

保険事故	被保険者に関する保険給付	被扶養者に関する保険給付
疾病・負傷	療養の給付 入院時食事療養費 入院時生活療養費 保険外併用療養費 療養費	家族療養費
	訪問看護療養費	家族訪問看護療養費
	移送費	家族移送費
	傷病手当金	
	高額療養費・高額介護合算療養費	
死亡	葬祭料	家族葬祭料
出産	出産育児一時金	家族出産育児一時金
	出産手当金	

②職務上の事由又は通勤による保険給付

疾病・負傷	休業手当金
行方不明	行方不明手当金

障害	障害年金、障害手当金、障害差額一時金、障害年金差額一時金、障害前払一時金
死亡	遺族年金、遺族一時金、遺族年金差額一時金、遺族前払一時金

(1) 療養の給付（法53条1項）

条文

被保険者又は被保険者であった者の**給付対象傷病**に関しては、次に掲げる**療養の給付**を行う。

イ）診察
ロ）薬剤又は治療材料の支給
ハ）処置、手術その他の治療
ニ）居宅における療養上の管理及びその療養に伴う世話その他の看護
ホ）病院又は診療所への入院及びその療養に伴う世話その他の看護
ヘ）**自宅以外の場所**における療養に必要な**宿泊及び食事の支給**

(2) 傷病手当金（法69条）

条文

1）被保険者又は被保険者であった者が被保険者の資格を喪失する前に発した職務外の事由による疾病又は負傷及びこれにより発した疾病につき療養のため**職務に服することができない期間**、**傷病手当金**を支給する。

2）傷病手当金の額は、1日につき、傷病手当金の支給を始める日（被保険者であった者にあっては、その資格を喪失した日）の属する月以前の**直近の継続した12月間の各月**の標準報酬月額を**平均した額の30分の1**に相当する額（10円未満の端数処理あり）の**3分の2**に相当する金額（1円未満の端数処理あり）とする。

○◯**ちょっとアドバイス!**◯○

□「**待期期間**」は、受給要件とされていない。

□傷病手当金の支給期間は、同一の疾病又は負傷及びこれにより発した疾病に関しては、その支給を始めた日から**通算して3年間**とする。

(3)　出産手当金（法 74 条１項）

条文

被保険者又は被保険者であった者が出産したときは、**出産の日以前**において職務に服さなかった期間及び**出産の日後 56 日以内**において職務に服さなかった期間、**出産手当金**を支給する。

○◯（ちょっとアドバイス！）◯○

□産前の期間については日数は限られていない。

(4)　休業手当金（法 85 条１項）

条文

休業手当金は、被保険者又は被保険者であった者が職務上の事由又は通勤による疾病又は負傷及びこれにより発した疾病につき**療養のため労働することができない**ために**報酬を受けない日**について、支給する。

○◯（ちょっとアドバイス！）◯○

□休業手当金の額は、次に掲げる期間（ロ）その他一定の期間においては、**同一の事由**について労働者災害補償保険法の規定による休業補償給付又は休業給付の支給を受ける場合に**限る**）の区分に応じ、１日につき、当該定める金額とする。

期間	支給額
イ）療養のため労働することができないために報酬を受けない最初の日から療養のため労働することができないために報酬を受けない **３日間**	**標準報酬日額**の**全額**
ロ）療養のため労働することができないために報酬を受けない **４か月以内**の期間（イ）及び一定の期間を除く）	**標準報酬日額**の **100 分の 40** に相当する金額

(5)　行方不明手当金（法 93 条）

条文

被保険者が職務上の事由により行方不明となったときは、その期間、**被扶養者**に対し、**行方不明手当金**を支給する。ただし、行方不明の期間が **1**

月未満であるときは、この限りでない。

○○ちょっとアドバイス!○○

□行方不明手当金の額は、1日につき、被保険者が行方不明となった当時の標準報酬日額に相当する金額とする。

□行方不明手当金の支給を受ける期間は、被保険者が行方不明となった日の翌日から起算して3か月を限度とする。

第5章 確定給付企業年金法

第1節 総則・給付

1 目的(法1条)

条文

この法律は、少子高齢化の進展、産業構造の変化等の社会経済情勢の変化にかんがみ、事業主が従業員と給付の内容を約し、高齢期において従業員がその内容に基づいた給付を受けることができるようにするため、確定給付企業年金について必要な事項を定め、国民の高齢期における所得の確保に係る自主的な努力を支援し、もって公的年金の給付と相まって国民の生活の安定と福祉の向上に寄与することを目的とする。

Outline

□「確定給付企業年金」とは、厚生年金適用事業所の事業主が、単独で又は共同して実施する年金制度をいい、規約型企業年金と基金型企業年金がある。

□厚生年金適用事業所の事業主は、確定給付企業年金を実施しようとするときは、確定給付企業年金に係る規約(以下「規約」という)を作成したうえで、それぞれ次の手続を執らなければならない。

規約型企業年金	当該規約について厚生労働大臣の承認を受けること。
基金型企業年金	企業年金基金(以下「基金」という)の設立について厚生労働大臣の認可を受けること。

○◯ちょっとアドバイス！◯○

□確定給付企業年金を実施する厚生年金適用事業所（以下「実施事業所」という）に使用される**厚生年金保険の被保険者**は、加入者とする。

用語チェック！

厚生年金保険の被保険者	厚生年金保険法に規定する第１号厚生年金被保険者又は第４号厚生年金被保険者をいう。

２　通則・老齢給付金

(1)　給付の種類（法 29 条）

条文

１）**事業主**（基金型企業年金を実施する場合にあっては**基金**。以下「**事業主等**」という）は、次に掲げる給付を行うものとする。

イ）**老齢給付金**	ロ）**脱退一時金**

２）事業主等は、規約で定めるところにより、前項各号に掲げる給付に加え、次に掲げる給付を行うことができる。

イ）**障害給付金**	ロ）**遺族給付金**

○◯ちょっとアドバイス！◯○

□給付を受ける権利は、受給権者の請求に基づいて、**事業主等**が**裁定**する。事業主は、裁定をしたときは、遅滞なく、その内容を**資産管理運用機関**に通知しなければならない。

□**資産管理運用機関又は基金**（以下「資産管理運用機関等」という）は、裁定に基づき、その請求をした者に給付の支給を行う。

(2)　老齢給付金（法 36 条）

条文

１）**老齢給付金**は、加入者又は加入者であった者が、規約で定める老齢給付金を受けるための要件を満たすこととなったときに、その者に支給するものとする。

２）前項に規定する規約で定める要件は、次に掲げる要件（「老齢給付金支給開始要件」という）を満たすものでなければならない。

イ）60歳以上70歳以下の規約で定める年齢に達したときに支給するものであること。

ロ）50歳以上イ）の規約で定める年齢未満の規約で定める年齢に達した日以後に実施事業所に使用されなくなったときに支給するものであること（規約において当該状態に至ったときに老齢給付金を支給する旨が定められている場合に限る）。

ここをチェック！

□規約において、20年を超える加入者期間を老齢給付金の給付を受けるための要件として定めてはならない。

□老齢給付金は、年金として支給する。ただし、規約でその全部又は一部を一時金として支給することができることを定めた場合には、政令で定める基準に従い規約で定めるところにより、一時金として支給することができる。

第2節 掛金

1 掛金（法55条）

条文

1）事業主は、給付に関する事業に要する費用に充てるため、規約で定めるところにより、年1回以上、定期的に掛金を拠出しなければならない。

2）加入者は、政令で定める基準に従い規約で定めるところにより、前項の掛金の一部を負担することができる。

ここをチェック！

□事業主は、掛金を、規約で定める日までに資産管理運用機関等に納付するものとする。

第６章 確定拠出年金法

第１節 総則

1　目的（法１条）

条文

この法律は、少子高齢化の進展、高齢期の生活の多様化等の社会経済情勢の変化にかんがみ、個人又は事業主が拠出した資金を個人が自己の責任において運用の指図を行い、高齢期においてその結果に基づいた給付を受けることができるようにするため、確定拠出年金について必要な事項を定め、国民の高齢期における所得の確保に係る自主的な努力を支援し、もって公的年金の給付と相まって国民の生活の安定と福祉の向上に寄与することを目的とする。

Outline

□「確定拠出年金」には、企業型年金と個人型年金がある。

企業型年金	厚生年金適用事業所の事業主が、単独で又は共同して実施する年金制度をいう。
個人型年金	国民年金基金連合会（以下「連合会」という）が実施する年金制度をいう。

□厚生年金適用事業所の事業主及び国民年金基金連合会は、規約を作成し、当該規約について厚生労働大臣の承認を受けなければならない。

第２節 企業型年金

1　加入者・掛金

(1)　企業型年金加入者（法９条１項）

条文

1）実施事業所に使用される第１号等厚生年金被保険者は、企業型年金加入者とする。

2）次のいずれかに該当する者は、前項の規定にかかわらず、企業型年金加入者としない。

イ）実施事業所に使用される第１号等厚生年金被保険者が企業型年金加入者となることについて企業型年金規約で一定の資格を定めた場合における当該資格を有しない者

ロ）企業型年金の老齢給付金の受給権を有する者又はその受給権を有する者であった者

用語チェック！

企業型年金加入者	企業型年金において、その者について企業型年金を実施する厚生年金適用事業所の事業主により掛金が拠出され、かつ、その個人別管理資産について運用の指図を行う者をいう。
実施事業所	企業型年金が実施される厚生年金適用事業所をいう。
第１号等厚生年金被保険者	厚生年金保険法に規定する第１号厚生年金被保険者又は第４号厚生年金被保険者をいう。

(2) 事業主掛金及び企業型年金加入者掛金（法19条）

条文

1）**事業主**は、政令で定めるところにより、**年１回以上**、**定期的**に掛金を拠出する。

3）**企業型年金加入者**は、政令で定める基準に従い企業型年金規約で定めるところにより、**年１回以上**、定期的に自ら掛金を拠出することができる。

ちょっとアドバイス！

□事業主は、事業主掛金を**企業型年金規約で定める日**までに**資産管理機関**に納付するものとする。

2　通則事項（法28条、法附則2条の2）

条文

企業型年金の給付は、次のとおりとする。

イ）老齢給付金　ロ）障害給付金　ハ）死亡一時金　ニ）脱退一時金

○◯ちょっとアドバイス！◯○

□給付を受ける権利は、受給権者の請求に基づいて、企業型記録関連運営管理機関等が裁定する。

□給付に係る請求があったときは、資産管理機関は、企業型記録関連運営管理機関等の裁定に基づき、その請求をした者に老齢給付金等を支給する。

Advance

◆老齢給付金（法33条）

1）企業型年金加入者であった者（当該企業型年金に個人別管理資産がある者に限り、当該企業型年金の障害給付金の受給権者又は他の企業型年金の企業型年金加入者を除く）であって次の各号に掲げるものが、それぞれ当該各号に定める年数又は月数以上の通算加入者等期間を有するときは、その者は、企業型記録関連運営管理機関等に老齢給付金の支給を請求することができる。ただし、企業型年金加入者であった者であって60歳以上75歳未満のものは、通算加入者等期間を有しない場合であっても、企業型年金加入者となった日その他の厚生労働省令で定める日から起算して５年を経過した日から企業型記録関連運営管理機関等に老齢給付金の支給を請求することができる。

イ）60歳以上61歳未満の者	10年
ロ）61歳以上62歳未満の者	8年
ハ）62歳以上63歳未満の者	6年
ニ）63歳以上64歳未満の者	4年
ホ）64歳以上65歳未満の者	2年
ヘ）65歳以上の者	1か月

2）前項の通算加入者等期間とは、政令で定めるところにより同項に規定する者の次に掲げる期間（その者が60歳に達した日の前日が属する月以前の期間に限る）を合算した期間をいう。

イ）企業型年金加入者である期間
ロ）企業型年金運用指図者である期間
ハ）個人型年金加入者である期間
ニ）個人型年金運用指図者である期間

□老齢給付金は、年金として支給する。ただし、企業型年金規約でその全部又は一部を一時金として支給することができることを定めた場合には、企業型年金規約で定めるところにより、一時金として支給することができる。

第３節　個人型年金

1　個人型年金加入者・掛金

(1)　個人型年金加入者（法62条）

条文

1）次に掲げる者は、連合会に申し出て、個人型年金加入者となることができる。

イ）国民年金法に規定する第１号被保険者（保険料免除者を除く）
ロ）国民年金法に規定する第２号被保険者（企業型掛金拠出者等を除く）
ハ）国民年金法に規定する第３号被保険者
ニ）国民年金法の規定による任意加入被保険者（日本国内に住所を有する20歳以上60歳未満の者であって、厚生年金保険法に基づく老齢給付等を受けることができるものを除く）

2）次のいずれかに該当する者は、前項の規定にかかわらず、個人型年金加入者としない。

イ）個人型年金の老齢給付金の受給権を有する者又はその受給権を有する者であった者
ロ）国民年金法又は厚生年金保険法による老齢を支給事由とする年金たる給付その他の老齢又は退職を支給事由とする年金である給付であって政令で定めるものの受給権を有する者

用語チェック！

個人型年金加入者	個人型年金において、掛金を拠出し、かつ、その個人別管理資産について運用の指図を行う者をいう。
保険料免除者	国民年金法の法定免除（生活保護法による免除者に限る）、申請全額免除、学生等の保険料納付特例、保険料納付猶予制度若しくは申請一部免除の規定により保険料

	を納付することを要しないものとされている者をいう。
企業型掛金拠出者等	企業型年金加入者掛金を拠出する企業型年金加入者その他政令で定める者をいう。

(2) 個人型年金加入者掛金（法68条）

条文

1）**個人型年金加入者**は、政令で定めるところにより、**年１回以上、定期的に**掛金を拠出する。

2）個人型年金加入者掛金の額は、個人型年金規約で定めるところにより、個人型年金加入者が決定し、又は変更する。

ここをチェック！

□個人型年金加入者は、個人型年金規約で定めるところにより、個人型年金加入者掛金を**連合会**に納付するものとする。

第７章　社会保険労務士法

第１節　総則及び登録

１　目的・業務・資格

(1) 目的（法１条）

条文

この法律は、社会保険労務士の制度を定めて、その業務の適正を図り、もって労働及び社会保険に関する**法令の円滑な実施に寄与**するとともに、**事業の健全な発達**と**労働者等の福祉の向上**に資することを目的とする。

(2) 社会保険労務士の業務（法２条１項）

条文

社会保険労務士は、次に掲げる事務を行うことを業とする。

【**１号業務**】

イ）労働社会保険諸法令に基づいて**申請書等**を作成すること。

ロ）**申請書等**について、その提出に関する手続を代わってすること。

ハ）労働社会保険諸法令に基づく申請等について、又は当該申請等に係る行政機関等の調査若しくは処分に関し当該行政機関等に対してする主張若しくは陳述について、代理すること

ニ）個別労働関係紛争解決促進法の紛争調整委員会における**あっせんの手続**並びに障害者雇用促進法、労働施策総合推進法、男女雇用機会均等法、労働者派遣法、育児介護休業法及びパートタイム・有期雇用労働法の**調停の手続**について、紛争の当事者を代理すること。

ホ）地方自治法の規定に基づく都道府県知事の委任を受けて都道府県労働委員会が行う**個別労働関係紛争**に関する**あっせんの手続**について、紛争の当事者を代理すること。

へ）個別労働関係紛争（紛争の目的の価額が**120万円**を超える場合には、弁護士が同一の依頼者から受任しているものに限る）に関する**民間紛争解決手続**であって、個別労働関係紛争の民間紛争解決手続の業務を公正かつ適確に行うことができると認められる団体として厚生労働大臣が指定するものが行うものについて、紛争の当事者を代理すること。

【2号業務】

労働社会保険諸法令に基づく**帳簿書類**（その作成に代えて電磁的記録を作成する場合における当該電磁的記録を含み、申請書等を除く）を作成すること。

【3号業務】（いわゆるコンサルティング業務）

事業における労務管理その他の労働に関する事項及び労働社会保険諸法令に基づく社会保険に関する事項について**相談**に応じ、又は**指導**すること。

○◯ちょっとアドバイス！◯○

□ニ）からへ）までに掲げる業務（「**紛争解決手続代理業務**」という）は、紛争解決手続代理業務試験に合格し、かつ、その旨の付記を受けた社会保険労務士（「**特定社会保険労務士**」という）に限り、行うことができる。

(3) 資格（法３条）

条文

1）次の一に該当する者であって、労働社会保険諸法令に関する厚生労働省令で定める事務に従事した期間が通算して**２年以上**になるもの又は厚生労働大臣がこれと同等以上の経験を有すると認めるものは、社会保険労務士となる資格を有する。

イ）社会保険労務士試験に合格した者
ロ）社会保険労務士試験の免除科目が試験科目の全部に及ぶ者

2）**弁護士**となる資格を有する者は、社会保険労務士となる資格を有する。

用語チェック！

開業社会保険労務士	他人の求めに応じ報酬を得て、法２条に規定する事務を業として行う社会保険労務士（社会保険労務士法人の社員を除く）をいう。
勤務社会保険労務士	事業所に勤務し、法２条に規定する事務に従事する社会保険労務士をいう。

２　登録（法14条の２第１項）

条文

社会保険労務士となる資格を有する者が社会保険労務士となるには、**社会保険労務士名簿**に、氏名、生年月日、住所その他厚生労働省令で定める事項の**登録**を受けなければならない。

○◯**ちょっとアドバイス！**◯○

□社会保険労務士名簿は、**全国社会保険労務士会連合会**（以下「連合会」という）に備える。社会保険労務士名簿の登録は、**連合会**が行う。

第２節　社会保険労務士の権利・義務

1　禁止規定・義務規定

(1)　不正行為の指示等の禁止（法 15 条）

条文

社会保険労務士は、不正に労働社会保険諸法令に基づく保険給付を受けること、不正に労働社会保険諸法令に基づく保険料の賦課又は徴収を免れることその他労働社会保険諸法令に違反する行為について指示をし、相談に応じ、その他これらに類する行為をしてはならない。

○◯ちょっとアドバイス！◯○

□法 15 条（不正行為の指示等の禁止）の規定に違反した者は、３年以下の懲役又は 200 万円以下の罰金に処する。

(2)　帳簿の備付け及び保存（法 19 条）

条文

1）開業社会保険労務士は、その業務に関する帳簿を備え、これに事件の名称、依頼を受けた年月日、受けた報酬の額、依頼者の住所及び氏名又は名称その他厚生労働大臣が定める事項を記載しなければならない。

2）開業社会保険労務士は、帳簿をその関係書類とともに、帳簿閉鎖の時から２年間保存しなければならない。開業社会保険労務士でなくなったときも、同様とする。

○◯ちょっとアドバイス！◯○

□法 19 条（帳簿の備付け及び保存）の規定に違反した者は、100 万円以下の罰金に処する。

(3)　秘密を守る義務（法 21 条）

条文

開業社会保険労務士又は社会保険労務士法人の社員は、正当な理由がなくて、その業務に関して知り得た秘密を他に漏らし、又は盗用してはならない。開業社会保険労務士又は社会保険労務士法人の社員でなくなった後においても、また同様とする。

○◯ちょっとアドバイス！◯○

□法 21 条（秘密を守る義務）の規定に違反した者は、１年以下の懲役又は 100 万円以下の罰金に処する。

(4) 非社会保険労務士との提携の禁止（法 23 条の２）

条文

社会保険労務士は、第 26 条（名称の使用制限）又は第 27 条（業務の制限）の規定に違反する者から事件のあっせんを受け、又はこれらの者に自己の名義を利用させてはならない。

○◯ちょっとアドバイス！◯○

□法 23 条の２（非社会保険労務士との提携の禁止）の規定に違反した者は、１年以下の懲役又は 100 万円以下の罰金に処する。

Advance

【名称の使用制限（法 26 条１項）】

社会保険労務士でない者は、社会保険労務士又はこれに類似する名称を用いてはならない。

【業務の制限（法 27 条）】

社会保険労務士又は社会保険労務士法人でない者は、他人の求めに応じ報酬を得て、法２条１項１号から２号までに掲げる事務（１号業務及び２号業務）を業として行ってはならない。ただし、他の法律に別段の定めがある場合及び政令で定める業務に付随して行う場合は、この限りでない。

「３号業務」は、業務の制限の対象とならない。

第３節　社労士法人

1　設立等

(1) 設立（法 25 条の６）

条文

社会保険労務士は、社会保険労務士法人（第２条第１項に掲げる業務（紛争解決手続代理業務を除く）を行うことを目的として、社会保険労務士が設立した法人をいう）を設立することができる。

ここをチェック！

□社会保険労務士法人の**社員**は、**社会保険労務士**でなければならない。

(2) 業務の範囲（法25条の9）

条文

1）社会保険労務士法人は、第2条第1項に掲げる業務（紛争解決手続代理業務を除く）を行うほか、**定款**で定めるところにより、次に掲げる業務を行うことができる。

イ）第2条に規定する業務に準ずるものとして厚生労働省令で定める業務*1の全部又は一部
ロ）**紛争解決手続代理業務**

2）紛争解決手続代理業務は、社員のうちに**特定社会保険労務士**がある社会保険労務士法人に限り、行うことができる。

Advance

□＊1「厚生労働省令で定める業務」は、次に掲げる業務とする。

a）事業所の労働者に係る**賃金の計算に関する事務**（その事務を行うことが他の法律において制限されているものを除く）を業として行う業務
b）労働者派遣法に規定する**労働者派遣事業**（その事業を行おうとする社会保険労務士法人が許可を受けて行うものであって、当該社会保険労務士法人の使用人である社会保険労務士が労働者派遣の対象となり、かつ、派遣先が開業社会保険労務士又は社会保険労務士法人（紛争解決手続代理業務の制限の対象となる場合を除く）であるものに限る）

第８章　社会保険審査官及び社会保険審査会法

第１節　社会保険審査官

１　設置（法１条１項）

条文

健康保険法第 189 条、船員保険法第 138 条、厚生年金保険法第 90 条（同条第２項及び第６項を除く）及び石炭鉱業年金基金法第 33 条第１項、国民年金法第 101 条（同法第 138 条において準用する場合を含む）並びに年金給付遅延加算金支給法第８条（年金給付遅延加算金支給法附則第２条第１項において準用する場合を含む）の規定による審査請求の事件を取り扱わせるため、各地方厚生局（地方厚生支局を含む）に社会保険審査官（以下「審査官」という）を置く。

ここをチェック！

□審査請求は、処分があったことを知った日の翌日から起算して３か月を経過したときは、することができない。ただし、正当な事由によりこの期間内に審査請求をすることができなかったことを疎明したときは、この限りでない。

□被保険者若しくは加入員の資格、標準報酬又は標準給与に関する処分に対する審査請求は、原処分があった日の翌日から起算して２年を経過したときは、することができない。

□審査請求は、文書又は口頭ですることができる。

第２節　社会保険審査会

１　設置（法 19 条）

条文

健康保険法第 189 条、船員保険法第 138 条、厚生年金保険法第 90 条（同条第２項及び第６項を除く）、石炭鉱業年金基金法第 33 条第１項、国民年金法第 101 条及び年金給付遅延加算金支給法第８条の規定による再審査請求並びに健康保険法第 190 条、船員保険法第 139 条、厚生年金保険法第 91

条第１項、石炭鉱業年金基金法第33条第２項及び年金給付遅延加算金支給法第９条（年金給付遅延加算金支給法附則第２条第１項において準用する場合を含む）の規定による審査請求（年金給付遅延加算金支給法第９条の規定による厚生年金保険法附則第29条第１項の規定による脱退一時金に係る保険給付遅延特別加算金に係るもの及び国民年金法附則第９条の３の２第１項の規定による脱退一時金に係る給付遅延特別加算金に係るものを除く）の事件を取り扱わせるため、厚生労働大臣の所轄の下に、社会保険審査会を置く。

ここをチェック！

□再審査請求は、審査官の決定書の謄本が送付された日の翌日から起算して２か月を経過したとき、審査請求は、処分があったことを知った日の翌日から起算して３か月を経過したときは、することができない。ただし、正当な事由によりこの期間内に再審査請求又は審査請求をすることができなかったことを疎明したときは、この限りでない。

□再審査請求は、文書又は口頭ですることができる。

第９章 児童手当法

第１節 総則・手当の支給・支給額・認定

1 目的及び支給要件

⑴ 目的（法１条）

条文

この法律は、子ども・子育て支援法に規定する子ども・子育て支援の適切な実施を図るため、父母その他の保護者が子育てについての第一義的責任を有するという基本的認識の下に、児童を養育している者に児童手当を支給することにより、家庭等における生活の安定に寄与するとともに、次代の社会を担う児童の健やかな成長に資することを目的とする。

用語チェック！

児童	18歳に達する日以後の最初の3月31日までの間にある者であって、日本国内に住所を有するもの又は留学その他の内閣府令で定める理由により日本国内に住所を有しないものをいう。
施設入所等児童	児童福祉法の規定により児童自立生活援助事業を行う者から児童自立生活援助を受けている児童等をいう。

(2)　支給要件（法4条1項）

条文　改正

児童手当は、次のいずれかに該当する者に支給する。

イ）施設入所等児童以外の児童（以下「支給要件児童」という）を監護し、かつ、これと生計を同じくするその父又は母（当該支給要件児童に係る未成年後見人があるときは、その未成年後見人とする。以下「父母等」という）であって、日本国内に住所（未成年後見人が法人である場合にあっては、主たる事務所の所在地とする）を有するもの

ロ）日本国内に住所を有しない父母等がその生計を維持している支給要件児童と同居し、これを監護し、かつ、これと生計を同じくする者（当該支給要件児童と同居することが困難であると認められる場合にあっては、当該支給要件児童を監護し、かつ、これと生計を同じくする者とする）のうち、当該支給要件児童の生計を維持している父母等が指定する者であって、日本国内に住所を有するもの（当該支給要件児童の父母等を除く。以下「父母指定者」という）

ハ）父母等又は父母指定者のいずれにも監護されず又はこれらと生計を同じくしない支給要件児童を監護し、かつ、その生計を維持する者であって、日本国内に住所を有するもの

ニ）施設入所等児童に対し児童自立生活援助を行う者、施設入所等児童が委託されている小規模住居型児童養育事業を行う者若しくは里親又は施設入所等児童が入所若しくは入院をしている母子生活支援施設、障害児入所施設、指定発達支援医療機関、乳児院等、障害者支援施設、のぞみの園、救護施設、更生施設、日常生活支援住居施設若しくは女性自立支援施設の設置者

(3) 支給額（法６条１項・３項）

条文 改正

児童手当は、**月**を単位として支給するものとし、その額は、**１か月**につき、次に掲げる児童手当の区分に応じ、当該定める額とする。

ここをチェック！

◆個人受給資格者の児童手当

次の表の**第３子以降算定額算定対象者**及び**支給対象児童**の人数の欄に掲げる区分に応じ、それぞれ支給額の欄に掲げる額とする。

年齢	支給対象児童	支給額/1 人
a）**３歳未満**	第１子・第２子	**15,000円**
	第３子以降	**30,000円**
b）**～18歳到達年度末**	第１子・第２子	**10,000円**
	第３子以降	**30,000円**
c）**～22歳到達年度末**	（支給要件児童には含める）	

用語チェック！

第３子以降算定額算定対象者	**22歳**に達する日以後の最初の３月31日までの間にある者のうち、個人受給資格者によって監護に相当する日常生活上の世話及び必要な保護並びにその生計費の相当部分の負担が行われている者として内閣府令で定めるものであって、日本国内に住所を有するもの又は留学その他の内閣府令で定める理由により日本国内に住所を有しないものをいう。
支給対象児童	法７条１項の認定に係る支給要件児童をいう。
個人受給資格者	法７条１項に規定する一般受給資格者のうち、法人受給資格者以外のものをいう。

2 認定（法７条）

条文 改正

1）児童手当の支給要件に該当する者（第４条第１項イ）からハ）に係るものに限る。「**一般受給資格者**」という）は、児童手当の支給を受けようとするときは、その受給資格及び児童手当の額について、**住所地の市町村長**（特別区の区長を含む）の**認定**を受けなければならない。

2）児童手当の支給要件に該当する者（第4条第1項ニ）に係るものに限る。「**施設等受給資格者**」という）は、児童手当の支給を受けようとするときは、その受給資格及び児童手当の額について、次の各号に掲げる者の区分に応じ、当該各号に定める者の**認定**を受けなければならない。

イ）児童自立生活援助事業又は小規模住居型児童養育事業を行う者	児童自立生活援助を行う場所又は小規模住居型児童養育事業を行う住居の所在地の市町村長
ロ）里親	当該里親の住所地の市町村長
ハ）障害児入所施設等の設置者	当該障害児入所施設等の所在地の市町村長

○○ちょっとアドバイス！○○

□児童手当は、**毎年2月、4月、6月、8月、10月及び12月**の**6期**に、それぞれの前月までの分を支払う。ただし、前支払期月に支払うべきであった児童手当又は支給すべき事由が消滅した場合におけるその期の児童手当は、その支払期月でない月であっても、支払うものとする。改正

第10章　子ども・子育て支援法

第1節　法律の趣旨及び概要

1　総則等

(1)　目的（法1条）

条文　改正

この法律は、我が国における急速な少子化の進行並びに家庭及び地域を取り巻く環境の変化に鑑み、**児童福祉法**その他の子ども及び子育てに関する法律による施策と相まって、**子ども・子育て支援給付**その他の子ども及び子どもを養育している者に必要な支援を行い、もって一人一人の子どもが健やかに成長し、及び子どもを持つことを希望する者が安心して子ども

を生み、育てることができる社会の実現に寄与することを目的とする。

用語チェック！

子ども	18歳に達する日以後の最初の3月31日までの間にある者をいう。

(2) 給付の種類

条文

【子ども・子育て支援給付の種類（法8条)】 改正

子ども・子育て支援給付は、子どものための**現金給付**、**妊婦**のための支援給付、子どものための**教育・保育給付**及び子育てのための**施設等利用給付**とする。

【子どものための現金給付（法9条)】

子どものための現金給付は、**児童手当**（児童手当法に規定する児童手当をいう）の支給とする。

【妊婦のための支援給付（法10条の2)】 新設

妊婦のための支援給付は、**妊婦支援給付金**の支給とする。

【子どものための教育・保育給付（法11条)】

子どものための教育・保育給付は、**施設型給付費**、**特例施設型給付費**、**地域型保育給付費**及び**特例地域型保育給付費**の支給とする。

2 費用等

条文

【拠出金の徴収及び納付義務（法69条)】 改正

1）政府は、**児童手当**の支給に要する費用（児童手当法第19条第1項の規定による国の交付金を充てる部分のうち、拠出金を原資とする部分に限る。「**拠出金対象児童手当費用**」という)、市町村が支弁する費用（施設型給付費等負担対象額のうち、満3歳未満保育認定子どもに係るものに相当する費用に限る。「**拠出金対象施設型給付費等費用**」という)、地域子ども・子育て支援事業（一定のものに限る）に要する費用（「**拠出金対象地域子ども・子育て支援事業費用**」という）及び仕事・子育て両立支援事業に要する費用（「**仕事・子育て両立支援事業費用**」という）に充てるため、次に掲げる者（「**一般事業主**」という）から、拠出金を徴収する。

イ）厚生年金保険法に規定する**事業主**（ロ)からニ)までに掲げるものを除く）
ロ）私立学校教職員共済法に規定する**学校法人等**
ハ）地方公務員等共済組合法に規定する**団体**その他同法に規定する団体で政令で定めるもの
ニ）国家公務員共済組合法に規定する**連合会**その他同法に規定する団体で政令で定めるもの

2）一般事業主は、拠出金を納付する義務を負う。

【拠出金の額（法 70 条)】 改正

1）拠出金の額は、厚生年金保険法に基づく保険料の計算の基礎となる**標準報酬月額及び標準賞与額**（育児休業又は産前産後休業をしている被用者について、当該育児休業若しくは休業又は当該産前産後休業をしたことにより、厚生年金保険法に基づき保険料の徴収を行わないこととされた場合にあっては、当該被用者に係るものを除く。次項において「賦課標準」という）に**拠出金率**を乗じて得た額の総額とする。

2）前項の**拠出金率**は、拠出金対象児童手当費用、拠出金対象施設型給付費等費用及び拠出金対象地域子ども・子育て支援事業費用の予想総額並びに仕事・子育て両立支援事業費用の予定額、賦課標準の予想総額並びに第 68 条第 2 項の規定により国が交付する額（満 3 歳未満保育認定子どもに係るものについて国が負担する部分に限る)、第 68 条の 2 の規定により国が交付する額及び児童手当法第 19 条第 1 項の規定により国庫が交付する額（拠出金を原資とする部分を除く）等の予想総額に照らし、おおむね **5 年**を通じ財政の均衡を保つことができるものでなければならないものとし、**1,000 分の 4.0 以内**において、政令で定める。[*1]

○◯ちょっとアドバイス!◯○

□＊1「令和 7 年度の拠出金率」は、**1,000 分の 3.6** とする。

第4部

練習問題

□□□ **01** 令和6年労働力調査によれば、労働力人口は2024年平均で6,957万人となったが、これは前年と比べて増加している。

□□□ **02** 令和6年労働力調査によれば、15～64歳の就業者数は2024年平均で5,851万人となったが、これを男女別にみると、男女ともに前年と比べて増加している。

□□□ **03** 令和5年雇用動向調査によれば、令和5年1年間における年初の常用労働者数に対する割合である入職率、離職率をみると、離職率の方が入職率よりも高い。

□□□ **04** 令和5年雇用動向調査によれば、令和5年1年間の転職入職者について、転職した後の賃金が前職に比べ「増加」した割合は、5割を上回っている。

□□□ **05** 令和4年就業構造基本調査によれば、有業者について、産業大分類別の構成比を5年前と比べると、「卸売業,小売業」の構成比が最も上昇しており、「医療,福祉」「情報通信業」は低下している。

□□□ **06** 令和4年就業構造基本調査によれば、有業者について、1年間のテレワーク実施の有無をみると、「実施した」者が占める割合は、約3割となっている。

□□□ **07** 令和6年毎月勤労統計調査によれば、きまって支給する給与（定期給与）を「所定内給与」と「所定外給与」に分けると、「所定内給与」は前年より減少している。

□□□ **08** 令和6年就労条件総合調査によれば、1か月60時間を超える時間外労働に係る割増賃金率を定めている30～99人規模の企業は約5割となっているが、その企業のうち、時間外労働の割増賃金率を「50％以上」とする企業割合は9割を上回っている。

01 設問のとおり。労働力人口は、前年に比べ 32 万人の増加となっている。 ◯

02 15 ～ 64 歳の就業者数は、女性は 19 万人の増加となったが、「男性」は「1 万人の減少」となった。 ×

03 離職率は 15.4 ％であったのに対し、「入職率」は「 16.4 ％」であった。 ×

04 転職した後の賃金が前職の賃金に比べ「増加」した割合は、「 37.2 ％」となっている。 ×

05 有業者の構成比は、5 年前に比べ、「医療,福祉」が「 1.1 ポイントの上昇」で最も上昇しており、次いで「情報通信業」が「 1.0 ポイントの上昇」となっている。一方、「卸売業,小売業」は 0.9 ポイントの低下で最も低下している。 ×

06 有業者に占めるテレワークを「実施した」者の割合は、「 19.1 ％」となっている。 ×

07 「所定内給与」は「 2.1 ％増」となっている。 ×

08 設問のとおり。30 ～ 99 人の企業のうち、1 か月 60 時間を超える時間外労働に係る割増賃金率を定めている企業割合は 52.9 ％で、このうち、割増賃金率を「 50 ％以上」とする企業割合は 98.8 ％となっている。 ◯

□□□ **09** 令和6年毎月勤労統計調査によれば、令和6年の一人平均月間総実労働時間を就業形態別にみると、パートタイム労働者は前年比で減少したが、一般労働者は前年比で増加した。

□□□ **10** 令和6年就労条件総合調査によれば、令和5年1年間の年次有給休暇の取得率を企業規模別にみると、30～90人の企業の方が、1,000人以上の企業よりも高い。

□□□ **11** 令和6年就労条件総合調査によれば、変形労働時間制の適用を受ける労働者割合を変形労働時間制の種類別にみると、「1年単位の変形労働時間制」の適用を受ける労働者割合が最も高い。

□□□ **12** 令和6年就労条件総合調査によれば、勤務間インターバル制度の導入状況別の企業割合をみると、「導入している」と「導入を予定又は検討している」の合計は、約2割となっている。

□□□ **13** 令和5年労働安全衛生調査によれば、過去1年間（令和4年11月1日から令和5年10月31日までの期間）にメンタルヘルス不調により連続1か月以上休業した労働者又は退職した労働者がいた事業所の割合は、1割を下回っている。

□□□ **14** 令和5年労働安全衛生調査によれば、ストレスチェックを実施した事業所のうち、結果の集団（部、課など）ごとの分析を実施した事業所の割合は、約8割となっている。

□□□ **15** 令和4年派遣労働者実態調査によれば、事業所について、派遣労働者を正社員に採用する制度がある割合は、約3割となっている。

□□□ **16** 令和4年派遣労働者実態調査によれば、派遣労働者について、派遣労働者として働いている理由（複数回答）をみると、「正規の職員・従業員の仕事がないから」と回答した者の割合は、5割を上回っている。

09 一人平均月間総実労働時間について、「一般労働者」は「0.7％減」となり、パートタイム労働者は1.0％減となった。 ×

10 30～90人の企業の年次有給休暇の取得率は63.7％であったのに対し、「1,000人以上の企業」は「67.0％」となっている。 ×

11 変形労働時間制の適用を受ける労働者割合は、「1か月単位の変形労働時間制」が「23.7％」で最も高く、「1年単位の変形労働時間制」は16.7％、「1週間単位の非定型的変形労働時間制」は0.3％、「フレックスタイム制」は11.5％となっている。 ×

12 設問のとおり。勤務間インターバル制度を「導入している」は5.7％、「導入を予定又は検討している」は15.6％となっている。 〇

13 過去1年間にメンタルヘルス不調により連続1か月以上休業した労働者又は退職した労働者がいた事業所の割合は、「13.5％」となっている。 ×

14 ストレスチェックを実施した事業所のうち、結果の集団（部、課など）ごとの分析を実施した事業所の割合は、「69.2％」となっている。 ×

15 派遣労働者を正社員に採用する制度がある事業所の割合は、「14.3％」となっている。 ×

16 派遣労働者として働いている理由のうち、「正規の職員・従業員の仕事がないから」は、「30.4％」となっている。 ×

□□□ **17** 令和６年高年齢者雇用状況等報告によれば、高年齢者雇用確保措置を実施済みの企業について、高年齢者雇用確保措置の措置内容別にみると、定年制の廃止の実施割合が最も高い。

□□□ **18** 令和６年高年齢者雇用状況等報告によれば、定年を65歳とする企業割合は25.2％であったが、これを企業規模別にみると、中小企業（21～300人規模）の方が大企業（301人以上規模）よりも高い。

□□□ **19** 令和６年障害者雇用状況の集計結果によれば、民間企業（常用労働者数が40.0人以上の企業：法定雇用率2.5％）に雇用されている身体障害者、知的障害者、精神障害者の数を前年と比べると、身体障害者の伸び率が最も大きかった。

□□□ **20** 令和６年障害者雇用状況の集計結果によれば、令和６年から新たに報告対象となった常用労働者数が40.0～43.5人未満規模の企業の実雇用率は、2.0％を上回っている。

□□□ **21** 外国人雇用状況の届出状況（令和６年10月末時点）によれば、外国人労働者数を国籍別にみると、中国が最も多かった。

□□□ **22** 外国人雇用状況の届出状況（令和６年10月末時点）によれば、外国人を雇用する事業所数の産業別の割合をみると、「宿泊業、飲食サービス業」が最も高かった。

□□□ **23** 令和５年度能力開発基本調査によれば、事業内職業能力開発計画の作成状況をみると、「すべての事業所において作成している」とする企業と「一部の事業所においては作成している」とする企業の割合の合計は、５割を上回っている。

□□□ **24** 令和５年度能力開発基本調査によれば、正社員に対して計画的なＯＪＴを実施した事業所の割合は６割を上回っているが、正社員以外に対して計画的なＯＪＴを実施した事業所の割合は３割を下回っている。

17 高年齢者雇用確保措置の実施割合は、「継続雇用制度の導入」が「67.4 %」で最も高く、定年制の廃止は3.9 %、定年の引上げは28.7 %であった。 ×

18 設問のとおり。定年を65歳とする中小企業の割合は25.7 %で、大企業は18.9 %であった。 ◯

19 身体障害者は対前年比2.4 %増、知的障害者は4.0 %増であったのに対し、「精神障害者」は「15.7 %増」で伸び率が最も大きかった。 ×

20 設問のとおり。常用労働者数が40.0～43.5人未満規模の企業の実雇用率は、2.10 %であった。 ◯

21 外国人労働者数は、「ベトナム」が最も多く、次いで、中国、フィリピンの順となっている。 ×

22 外国人を雇用する事業所数は、「卸売業、小売業」が「18.7 %」で最も高く、「製造業」が16.6 %、「宿泊業、飲食サービス業」が14.3 %となっている。 ×

23 事業内職業能力開発計画の作成状況について、「すべての事業所において作成している」とする企業は「14.1 %」、「一部の事業所においては作成している」とする企業は「8.7 %」で、両者を合わせても全体の4分の1に満たない。 ×

24 設問のとおり。正社員に対して計画的なＯＪＴを実施した事業所は60.6 %、正社員以外に対して計画的なＯＪＴを実施した事業所は23.2 %となっている。 ◯

□□□ **25** 令和５年度能力開発基本調査によれば、キャリアコンサルタントに相談したい内容をみると、正社員と正社員以外のいずれも、「仕事に対する適性・適職（職業の向き不向き）」が最も多かった。

□□□ **26** 令和５年度雇用均等基本調査によれば、課長相当職以上の管理職に占める女性の割合を産業別にみると、「宿泊業,飲食サービス業」が最も高く、次いで「教育,学習支援業」、「医療,福祉」となっている。

□□□ **27** 令和５年度雇用均等基本調査によれば、妊娠・出産・育児休業等に関するハラスメントを防止するための対策に「取り組んでいる」企業割合を規模別にみると、規模が小さくなるほど割合が高くなっている。

□□□ **28** 令和５年度雇用均等基本調査によれば、令和３年10月１日から令和４年９月30日までの１年間に配偶者が出産した男性のうち、令和５年10月１日までに育児休業（産後パパ育休を含む。）を開始した者（育児休業の申出をしている者を含む。）の割合は、前回調査（令和４年度）より上昇した。

□□□ **29** 令和５年度雇用均等基本調査によれば、令和４年４月１日から令和５年３月31日までの１年間に育児休業を終了し、復職予定であった女性のうち、実際に復職した者の割合は、９割を上回っている。

□□□ **30** 令和６年労働組合基礎調査によれば、令和６年６月30日現在における雇用者数に占める労働組合員数の割合（推定組織率）は、約３割となっている。

□□□ **31** 令和６年労働組合基礎調査によれば、令和６年６月30日現在における労働組合員のうち、女性の労働組合員数は、前年に比べ減少している。

□□□ **32** 令和５年労働組合活動等に関する実態調査によれば、過去１年間（令和４年７月１日から令和５年６月30日の期間）に、正社員以外の労働者に関して使用者側と話合いが持たれた事項（複数回答）をみると、「同一労働同一賃金に関する事項」が最も高く、次いで「正社員以外の労働者（派遣労働者を除く）の労働条件」となっている。

25 キャリアコンサルタントに相談したい内容は、正社員以外では「仕事に対する適性・適職（職業の向き不向き）」が最も多かったが、「正社員」では、「将来のキャリアプラン」が最も多かった。 ×

26 課長相当職以上の管理職に占める女性の割合は、「医療,福祉」が「52.7 %」で最も高く、「教育,学習支援業」は24.8 %、「宿泊業,飲食サービス業」は19.4 %となっている。 ×

27 妊娠・出産・育児休業等に関するハラスメントを防止するための対策に「取り組んでいる」企業割合は、規模が「大きく」なるほど高くなっている。 ×

28 設問のとおり。令和3年10月1日から令和4年9月30日までの1年間に配偶者が出産した男性の育児休業取得率は30.1 %で、前回調査（令和4年度17.13 %）より13.0ポイント上昇した。 ○

29 設問のとおり。令和4年4月1日から令和5年3月31日までの1年間に育児休業を終了し、復職予定であった女性の復職状況について、実際に復職した者の割合は93.2 %であった。 ○

30 推定組織率は、「16.1 %」となっている。 ×

31 女性の労働組合員数については、前年に比べ「3万2千人の増」となっている。 ×

32 正社員以外の労働者に関する事項別話合いの状況について、「正社員以外の労働者（派遣労働者を除く）の労働条件」が「70.7 %」で最も高く、「同一労働同一賃金に関する事項」は46.7 %となっている。 ×

□□□ **33** 令和5年労働組合活動等に関する実態調査によれば、労働組合活動において、これまで重点をおいてきた事項（複数回答：主なもの5つまで）をみると、「労働時間（労働時間の適正把握を含む）・休日・休暇」が最も高く、次いで「賃金・賞与・一時金」となっている。

□□□ **34** 令和5年度個別労働紛争解決制度の施行状況によれば、総合労働相談件数は前年度まで100万件を上回っていたが、令和5年度は100万件を下回った。

□□□ **35** 令和5年度厚生年金保険・国民年金事業の概況によれば、国民年金の第1号被保険者数（任意加入被保険者を含む）は、令和5年度末現在で1,387万人で、前年度末に比べて増加している。

□□□ **36** 令和5年度厚生年金保険・国民年金事業の概況によれば、公的年金受給者の年金総額は、令和5年度末現在で56兆8,281億円となっており、前年度末に比べて減少している。

□□□ **37** 令和5年国民生活基礎調査の概況によれば、各種世帯の所得の種類別1世帯当たり平均所得金額の構成割合をみると、高齢者世帯では、「稼働所得」が「公的年金・恩給」を上回っている。

□□□ **38** 令和5年度の国民年金の加入・保険料納付状況によれば、令和5年度の国民年金保険料の最終納付率（令和3年度分保険料）は83.1％で、令和4年度の最終納付率（令和2年度分保険料）より低下している。

□□□ **39** 令和4年度国民医療費の概況によれば、令和4年度の国民医療費は46兆6,967億円で、前年度に比べ減少している。

□□□ **40** 令和4年度国民医療費の概況によれば、人口一人当たり国民医療費を年齢等級別にみると、「65歳以上」は「65歳未満」の3倍以上となっている。

33 労働組合活動の重点事項について、「賃金・賞与・一時金」が「91.3％」で最も高く、「労働時間（労働時間の適正把握を含む）・休日・休暇」は74.4％となっている。 ×

34 令和5年度の総合労働相談件数は、「121万412件」となっている。 ×

35 国民年金の第1号被保険者数（任意加入被保険者を含む）は、前年度末に比べて「18万人減少」している。 ×

36 公的年金受給者の年金総額は、前年度末に比べて「2.0％増加」している。 ×

37 高齢者世帯の種類別1世帯当たり平均所得金額の構成割合は、「公的年金・恩給」が「62.9％」となっており、「稼働所得」は26.1％となっている。 ×

38 令和5年度の最終納付率は、令和4年度の最終納付率80.7％から「2.4ポイント上昇」している。 ×

39 令和4年度の国民医療費は、前年度に比べ「3.7％の増加」となっている。 ×

40 設問のとおり。65歳未満の一人当たり国民医療費は20万9,500円、65歳以上は77万5,900円となっている。 ◯

□□□ **41** 令和４年度介護保険事業状況報告によれば、要介護（要支援）認定者を要介護（要支援）状態区分別にみると、軽度（要支援１～要介護２）の認定者の割合は、約５割となっている。

□□□ **42** 令和４年度社会保障費用統計によれば、2022 年度の社会保障給付費を「医療」「年金」「福祉その他」に分類して部門別にみると、「医療」の割合が最も高くなっている。

□□□ **43** 令和６年版労働経済白書によれば、過去半世紀における有効求人倍率の推移をみると、1970 年代前半には２倍に迫る水準まで上昇したが、1980 年代から 2010 年代後半に至るまで引き続き１を下回っている。

□□□ **44** 令和６年版労働経済白書によれば、企業の人手不足感についてみると、1970 年代前半では人手が「不足」と感じている企業が多かったが、1980 年代から 2010 年代後半にかけては「過剰」と感じている企業の割合が上回っている。

□□□ **45** 令和６年版労働経済白書によれば、1970 年以降の第３次産業がＧＤＰに占める割合の推移をみると、1970 年には約 53 ％であったが、1990 年代から 2020 年代前半にかけては５割を下回っている。

□□□ **46** 令和６年版労働経済白書によれば、第２次・第３次産業におけるフルタイム労働者に占める週 60 時間以上の長時間労働者割合について 1972 年からの推移をみると、2010 年代後半まで引き続き上昇している。

□□□ **47** 令和６年版労働経済白書によれば、総労働時間の変化を 1990 年と 2023 年とに分けて男女別にみると、2023 年の男性はおおむね 1990 年と同程度である一方、女性は減少している。

□□□ **48** 令和６年版労働経済白書によれば、企業規模間の労働移動について、1,000 人以上規模企業からの転職状況をみると、100 ～ 999 人規模や５～ 99 人規模の企業への転職率は、1,000 人以上規模の企業への転職率を上回っている。

41 要支援1：98万人、要支援2：96万人、要介護1：145万人、要介護2：116万人、要介護3：92万人、要介護4：89万人、要介護5：59万人となっており、軽度（要支援1～要介護2）の認定者は「約65.5％」を占めている。 ×

42 2022年度の社会保障給付費は、「年金」が「40.5％」となっており、「医療」は35.4％、「福祉その他」は24.2％となっている。 ×

43 1970年代前半のほか、「1980年代後半～1990年代前半」、「2000年代後半」、「2010年代半ば以降」の4期間において、有効求人倍率が「1倍を超えて」おり、2010年代後半には1.61倍と1倍を大きく超える水準となっている。 ×

44 1970年代前半のほか、「1980年代後半～1990年代前半」、「2000年代後半」、「2010年代以降」の4期間において、人手が「不足」と感じている企業が「過剰」と感じている企業の割合を上回っている。 ×

45 第3次産業がＧＤＰに占める割合は、1970年の約53％から1990年には「約62％」となり、2022年には「約74％」に達している。 ×

46 フルタイム労働者に占める週60時間以上の長時間労働者割合は、1980年代後半から「大きく低下」に転じている。 ×

47 2023年の総労働時間については、「女性」はおおむね「1990年と同程度」である一方、「男性」が「大きく減少」する結果となっている。 ×

48 1,000人以上規模企業から「同規模の企業への転職率」は「上昇」しており、大企業間の転職は活発になっている一方で、100～999人や5～99人規模の中小企業への転職率は1％程度まで低下している。 ×

□□□ **49** 令和6年版労働経済白書によれば、就業希望のない無業者について、その理由をみると、「出産・育児・介護・看護・家事のため」を挙げている者の割合は、女性の方が男性よりも高い。

□□□ **50** 令和6年版労働経済白書によれば、就業希望はあるが求職活動を行っていない無業者について年齢別にみると、60歳以上の方が59歳以下よりも多い。

□□□ **51** 令和6年版労働経済白書によれば、求職者を求職期間別にみると、59歳以下の男性では、求職期間が1か月未満の者と求職期間が1年以上の者の割合は、ほぼ同程度となっている。

□□□ **52** 令和6年版労働経済白書によれば、継続就業希望者（現在就いている仕事を今後も続けていきたいと思っている者のうち、追加就業希望者に該当しない者をいう。）の労働時間の希望をみると、正規雇用労働者と非正規雇用労働者のいずれも、労働時間を「減らしたい」人が「増やしたい」人を上回っている。

□□□ **53** 令和6年版労働経済白書によれば、追加就業希望者（現在就いている仕事を続けながら、別の仕事もしたいとしている者をいう。）の数をみると、非正規雇用労働者は100万人を上回っているが、正規雇用労働者は100万人を下回っている。

□□□ **54** 令和6年版労働経済白書によれば、女性について年齢別に非労働力・失業から正規雇用、または非正規雇用への移行確率を比較すると、どの年齢層であっても、非労働力・失業から正規雇用への移行確率が、非正規雇用への移行確率よりも高くなっている。

□□□ **55** 令和6年版労働経済白書によれば、高齢者の就業率をみると、2023年には、60～64歳の就業率は70％を超える一方で、65～69歳の就業率は10％以下となっている。

49 設問のとおり。特に59歳以下の女性の約4割に当たる約100万人が、「出産・育児・介護・看護・家事のため」に無業かつ就業希望なしとなっているが、同年代の男性は僅かにとどまる。 ◯

50 就業希望はあるが求職活動を行っていない無業者は、年齢別にみると「59歳以下」が多い。 ×

51 設問のとおり。59歳以下では、求職期間が1年以上の男性が約3割に達している一方で、求職期間が1か月未満の短期の求職者も男性で約3割を占めている。 ◯

52 継続就業希望者のうち、正規雇用労働者では労働時間を「増やしたい」が約100万人、「減らしたい」が約650万人と減少希望が多いが、「非正規雇用労働者」では、労働時間を「増やしたい」が「約190万人」に対し、「減らしたい」は約110万人となっている。 ×

53 追加就業希望者について、「正規雇用労働者」では「約280万人」となっており、非正規雇用労働者では約180万人となっている。 ×

54 女性の非労働力・失業からの就業形態別の移行確率は、どの年齢層であっても、非労働力・失業から「非正規雇用」への移行確率が、正規雇用への移行確率よりも高くなっている。 ×

55 2023年の65～69歳の就業率は「50％超」で、この半世紀で最高水準となっている。 ×

□□□ **56** 令和６年版労働経済白書によれば、介護分野における法人規模別の介護職員等の人手不足感をみると、100人未満の事業所の方が、100人以上の事業所よりも人手不足感が強い。

□□□ **57** 令和６年版労働経済白書によれば、小売・サービス分野において、人手不足事業所と、人手適正・過剰事業所における入職率と離職率をみると、人手不足事業所では、人手適正・過剰事業所より離職率が高く、一方で入職率は低い。

□□□ **58** 令和６年版厚生労働白書によれば、共働き世帯（６歳未満のこどもを持つ夫婦とこどもの世帯）の育児時間は、2021年においては、妻が３時間を超えているが、夫は１時間程度となっている。

□□□ **59** 令和６年版厚生労働白書によれば、2022年における要介護（要支援）者の「主な介護者」をみると、同居・別居の家族である割合は、約３割となっている。

□□□ **60** 令和６年版厚生労働白書によれば、2022年に15歳以上の人で介護をしている人は約629万人となっているが、このうち有業の人の割合は、約３割となっている。

□□□ **61** 令和６年版厚生労働白書によれば、在宅の要介護（要支援）者と同居の主な介護者の年齢の組み合わせをみると、60歳以上同士の割合は、約５割となっている。

□□□ **62** 令和６年版厚生労働白書によれば、企業に対して行ったハラスメントの発生状況等に関する調査によると、過去３年間に各ハラスメントの相談があったもののうち、企業が「実際にハラスメントに該当する」と判断したものの割合は、「セクハラ」が最も高い。

□□□ **63** 令和６年版厚生労働白書によれば、フリーランスとして働く人について、仕事の依頼者等からハラスメントを受けたことがあると回答した人の割合は、約１割となっている。

56 介護事業所においては、「100 人以上」の大きい事業所において人手不足感が強い。 ×

57 小売・サービス分野において、人手不足事業所の方が、「入職率、離職率ともに高い傾向」にあり、職員の入れ替わりが多いことが分かる。 ×

58 設問のとおり。共働き世帯の育児時間は、2021 年においては、妻が 3 時間 24 分に対し、夫は 1 時間 3 分であった。 ◯

59 2022 年における要介護（要支援）者の「主な介護者」は、同居・別居の家族である割合が「6 割近く」にのぼっている。 ×

60 2022 年に 15 歳以上の人で介護をしている人のうち、「6 割近く」を有業の人が占めている。 ×

61 要介護（要支援）者と同居の主な介護者の年齢の組み合わせについて、60 歳以上同士の割合は「8 割近く」に達している。 ×

62 企業が「実際にハラスメントに該当する」と判断したものの割合は、「顧客等からの著しい迷惑行為」が「86.8 %」で最も高く、「セクハラ」は 80.9 %、「パワハラ」が 73.0 %となっている。 ×

63 設問のとおり。フリーランスとして働く人について、仕事の依頼者等からハラスメントを受けたことがあると回答した人は、10.1 %となっている。 ◯

□□□ **64** 令和6年版厚生労働白書によれば、精神障害の原因が仕事であると認定し労災保険給付を行った件数は、2012年度以降、減少傾向にある。

□□□ **65** 令和6年版厚生労働白書によれば、全国健康保険協会における2022年10月時点の傷病手当金受給者を対象として、受給の原因となった傷病別に件数の構成割合をみると、精神及び行動の障害は1割を下回っている。

□□□ **66** 令和6年版厚生労働白書によれば、未就学児の育児をしながら、家族の介護をしている者（ダブルケアをしている者）は、2022年時点で20.1万人となっており、年代別では50代が多くなっている。

□□□ **67** 令和6年版厚生労働白書によれば、家事や育児などを「自分が率先してするべきことである」と考える人は、世代が若くなるほど同年代の男女間の意識差が縮まる傾向にある。

□□□ **68** 定年を60歳としている事業所において正社員の募集及び採用を行うに当たり、「60歳未満のものに限る」とすることは、労働施策総合推進法第9条の「募集及び採用における年齢にかかわりない均等な機会の確保」の規定には違反しない。

□□□ **69** 職業安定法によれば、学校（小学校・幼稚園を除く。）の長は、厚生労働大臣に届け出て、当該学校の学生生徒等について、有料の職業紹介事業を行うことができる。

□□□ **70** 労働者派遣法第40条の2第1項では、派遣先は、当該派遣先の事業所その他派遣就業の場所における組織単位ごとの業務について、派遣元事業主から派遣可能期間を超える期間継続して労働者派遣の役務の提供を受けてはならないとされる。

□□□ **71** 高年齢者雇用安定法によれば、65歳未満の定年の定めをしている事業主は、その雇用する高年齢者の65歳までの安定した雇用を確保するため、当該定年の定めを廃止するよう努めなければならない。

64 精神障害の労災支給決定件数は、2022年度は710件で、「過去最多」となっている。 ×

65 全国健康保険協会における2022年10月時点の傷病手当金受給の原因となった傷病別の構成割合について、精神及び行動の障害は「18.11％」となっている。 ×

66 ダブルケアをしている者を年代別にみると、「30代後半」と「40代前半」が多くなっている。 ×

67 設問のとおり。家事や育児などを「自分が率先してするべきことである」と考える人は、20代の男女では、ほぼ差がなかった。 ◯

68 設問のとおり。事業主が、その雇用する労働者の定年の定めをしている場合において当該定年の年齢を下回ることを条件として労働者の募集及び採用を行うとき（期間の定めのない労働契約を締結することを目的とする場合に限る）は、年齢制限が認められる（法10条、則1条の3第1項）。 ◯

69 学校（小学校及び幼稚園を除く）の長は、厚生労働大臣に届け出て、当該学校の学生生徒等について、「無料」の職業紹介事業を行うことができる（法33条の2第1項）。 ×

70 派遣先は、「当該派遣先の事業所その他派遣就業の場所ごとの業務」について、派遣元事業主から派遣可能期間を超える期間継続して労働者派遣（一定のものを除く）の役務の提供を受けてはならない（法40条の2第1項）。 ×

71 定年（65歳未満のものに限る）の定めをしている事業主は、①当該定年の引上げ、②継続雇用制度の導入、③当該定年の定めの廃止の「いずれか」を「講じなければならない」とされている（法9条1項）。 ×

□□□ **72** 障害者雇用促進法の規定により、常時100人を超える労働者を雇用する一般事業主が障害者雇用率を達成していない場合、障害者雇用率に係る不足人数1人につき、月額29,000円の障害者雇用納付金が徴収される。

□□□ **73** 職業能力開発促進法によれば、事業主は、職業能力開発促進の措置に関し、その雇用する労働者に対して行う相談、指導等の業務を担当する者として、職業能力開発推進者を選任しなければならない。

□□□ **74** 求職者支援法における「特定求職者」には、雇用保険法に規定する被保険者である者及び受給資格者である者が含まれる。

□□□ **75** 若者雇用促進法によれば、青少年の募集及び採用の方法の改善、職業能力の開発及び向上並びに職場への定着の促進に関する取組に関し、その実施状況が優良なものである旨の認定を受けるための申請をすることができる事業主は、常時雇用する労働者の数が100人以下のものに限られる。

□□□ **76** 男女雇用機会均等法第6条の規定により、事業主は、労働者の配置(業務の配分及び権限の付与を含む。)、昇進、降格及び教育訓練について、労働者の性別を理由として、差別的取扱いをしてはならない。

□□□ **77** 育児介護休業法によれば、配偶者について2回の介護休業をしたことがある場合には、当該配偶者について介護休業をすることができない。

□□□ **78** パートタイム・有期雇用労働法第10条では、事業主は、その雇用する短時間・有期雇用労働者（通常の労働者と同視すべき短時間・有期雇用労働者を除く。）の就業の実態に関する事項を勘案し、その賃金を決定しなければならないとされる。

72 障害者雇用納付金の額は、不足人数１人につき、１か月当たり「50,000円」である（法54条２項、令17条）。 ×

73 職業能力開発推進者については、選任するように「努めなければならない」とされている（法12条）。 ×

74「特定求職者」とは、公共職業安定所に求職の申込みをしている者（雇用保険法に規定する被保険者である者及び受給資格者である者を「除く」）のうち、労働の意思及び能力を有しているものであって、職業訓練その他の支援措置を行う必要があるものと公共職業安定所長が認めたものをいう（法２条）。 ×

75 設問の認定に係る事業主の規模は、常時雇用する労働者の数が「300人以下」のものである（法15条）。 ×

76 設問のとおり。このほか、事業主は、退職の勧奨、定年及び解雇並びに労働契約の更新等について、労働者の性別を理由として、差別的取扱いをしてはならない（法６条）。 ○

77 介護休業をしたことがある労働者は、当該介護休業に係る対象家族について「３回」の介護休業をした場合に、当該対象家族について介護休業申出をすることができない（法11条２項）。 ×

78 短時間・有期雇用労働者（通常の労働者と同視すべき短時間・有期雇用労働者を除く）に係る賃金については、就業の実態に関する事項を勘案し、決定するように「努める」ものとされている（法10条）。 ×

□□□ **79** 次世代育成支援対策推進法によれば、特例認定一般事業主は、厚生労働大臣が定める認定マーク「プラチナえるぼし」を広告等に付することができる。

□□□ **80** 女性活躍推進法によれば、一般事業主行動計画を定め、厚生労働大臣に届け出なければならない一般事業主は、常時雇用する労働者の数が300人を超えるものに限られる。

□□□ **81** 最低賃金法によれば、厚生労働大臣又は都道府県労働局長は、一定の地域ごとに、労働政策審議会の調査審議を求め、その意見を聴いて、地域別最低賃金の決定をしなければならない。

□□□ **82** 賃金の支払の確保等に関する法律によれば、未払賃金総額が100万円である場合、立替払される額は60万円である。

□□□ **83** 労働組合法によれば、監督的地位にある労働者その他使用者の利益を代表する者の参加を許す団体であっても、労働者によって組織されたものであれば、労働組合に該当する。

□□□ **84** 労働関係調整法によれば、争議行為が発生したときは、その当事者は、直ちにその旨を労働基準監督署長に届け出なければならない。

□□□ **85** 労働契約法によれば、労働契約は、労働者及び使用者が対等の立場における合意に基づいて締結し、又は変更すべきものとするとされる。

□□□ **86** 個別労働関係紛争解決促進法によれば、労働基準監督署長は、個別労働関係紛争に関し、当該個別労働関係紛争の当事者の双方又は一方からその解決につき援助を求められた場合には、当該個別労働関係紛争の当事者に対し、必要な助言又は指導をすることができる。

79「プラチナえるぼし」は女性活躍推進法に基づく認定マークであり、次世代育成支援対策推進法の規定による特例認定一般事業主が広告等に付することができる認定マークは、「プラチナくるみん」である（法15条の4）。 ×

80 一般事業主であって、常時雇用する労働者の数が「100人」を超えるものについては、一般事業主行動計画の策定等が義務づけられている（法8条1項）。 ×

81 地域別最低賃金の決定に当たっては、「中央最低賃金審議会」又は「地方最低賃金審議会」の調査審議を求め、その意見を聴かなければならない（法10条1項）。 ×

82 未払賃金につき立替払される額は、未払賃金総額の「100分の80」に相当する額であり、設問の場合の立替払額は「80万円」となる（法7条、令4条1項）。 ×

83 監督的地位にある労働者その他使用者の利益を代表する者の参加を許す団体については、労働組合には「該当しない」（法2条）。 ×

84 争議行為が発生したときは、その当事者は、直ちにその旨を「労働委員会」又は「都道府県知事」に届け出なければならない（法9条）。 ×

85 設問のとおり。設問は、労働契約の原則のうち、「労使対等の原則」に関する記述である（法3条1項）。 ○

86 個別労働関係紛争の当事者に対し、必要な助言又は指導をすることができるとされているのは、「都道府県労働局長」である（法4条1項）。 ×

□□□ **87** 国民健康保険法によれば、都道府県等が行う国民健康保険の被保険者が国家公務員共済組合法の規定による被扶養者となったときは、国民健康保険の被保険者の資格を喪失する。

□□□ **88** 国民健康保険法によれば、保険料を滞納している世帯主が、当該保険料の納期限から1年が経過するまでの間に、保険料納付の勧奨等を受けてもなお当該保険料を納付しない場合において、当該世帯に属する被保険者が保険医療機関から療養を受けたときは、その療養に要した費用について、療養費が支給される。

□□□ **89** 介護保険法によれば、市町村又は特別区の区域内に住所を有する65歳以上の者のうち、医療保険加入者でない者は、介護保険の第1号被保険者とはならない。

□□□ **90** 介護保険法によれば、予防給付を受けようとする者は、要支援者に該当すること及びその該当する要支援状態区分について、介護認定審査会の認定を受けなければならない。

□□□ **91** 高齢者の医療の確保に関する法律によれば、都道府県は、医療費適正化基本方針に即して、5年ごとに、5年を1期として、都道府県医療費適正化計画を定めるものとされる。

□□□ **92** 高齢者の医療の確保に関する法律によれば、後期高齢者医療広域連合の区域内に住所を有する75歳以上の者のうち、当該後期高齢者医療広域連合が行う後期高齢者医療の被保険者となるのは、政令で定める程度の障害の状態にある旨の当該後期高齢者医療広域連合の認定を受けた者に限られる。

□□□ **93** 船員保険法の規定による傷病手当金は、船員保険の被保険者又は被保険者であった者が職務上の事由又は通勤による疾病又は負傷及びこれにより発した疾病につき療養のため労働することができないために報酬を受けない日について支給される。

87 設問のとおり。国家公務員共済組合法の規定による被扶養者は、都道府県等が行う国民健康保険の適用除外とされている（法6条、法8条）。 ◯

88 設問の場合、当該被保険者が18歳に達する日以後の最初の3月31日までの間にある者である場合を除き、「特別療養費」の支給対象となる（法54条の3第1項）。 ×

89 介護保険の「第2号被保険者」については医療保険加入者である者に限られるが、第1号被保険者については医療保険加入者に限られない（法9条）。 ×

90 要支援者に該当すること及びその該当する要支援状態区分についての認定は、「市町村」が行う（法19条2項）。 ×

91 都道府県医療費適正化計画は、「6年」ごとに、「6年」を1期として定めるものとされている（法9条1項）。 ×

92 後期高齢者医療広域連合の区域内に住所を有する75歳以上の者については、「障害の有無にかかわらず」、後期高齢者医療の被保険者となる（法50条）。ただし、適用除外に該当する者については、被保険者とはならない（法51条）。 ×

93 設問の場合に支給されるのは「休業手当金」であり、傷病手当金は、被保険者又は被保険者であった者が被保険者の資格を喪失する前に発した「職務外の事由」による疾病又は負傷及びこれにより発した疾病につき療養のため職務に服することができない期間について支給される（法69条1項）。 ×

□□□ **94** 確定給付企業年金法によれば、規約で定める老齢給付金を受けるための要件として、加入者期間は、25年以上でなければならない。

□□□ **95** 確定拠出年金法によれば、国民年金の第2号被保険者（企業型掛金拠出者等を除く。）は、厚生労働大臣に申し出て、個人型年金加入者となることができる。

□□□ **96** 社会保険労務士法によれば、労働施策総合推進法第30条の6第1項の調停の手続について紛争の当事者を代理することは、特定社会保険労務士に限らず、すべての社会保険労務士が業として行うことができる。

□□□ **97** 社会保険労務士が不正に障害基礎年金を受けることについて指示をすることは、社会保険労務士法に違反する。

□□□ **98** 社会保険審査官及び社会保険審査会法によれば、再審査請求は、審査請求に係る社会保険審査官の決定書の謄本が送付された日の翌日から起算して3か月を経過する日までの間であれば、することができる。

□□□ **99** 児童手当法によれば、支給要件児童を監護するその父又は母であって、海外に居住するものは、児童手当の支給を受けることができる。

□□□ **100** 子ども・子育て支援法による妊婦のための支援給付は、妊婦支援給付金の支給とされる。

94 老齢給付金の支給要件については、規約において、「20年を超える加入者期間」を老齢給付金の給付を受けるための要件として「定めてはならない」とされている（法36条4項）。 ×

95 個人型年金加入者となるには、「国民年金基金連合会」に申し出ることが必要である（法62条1項）。 ×

96 設問の業務は「紛争解決手続代理業務」に該当するため、当該業務は、特定社会保険労務士に限り行うことができる（法2条1項・2項）。 ×

97 設問のとおり。社会保険労務士は、不正に労働社会保険諸法令に基づく保険給付を受けることについて指示をし、相談に応じ、その他これらに類する行為をしてはならない（法15条）。 ○

98 再審査請求は、社会保険審査官の決定書の謄本が送付された日の翌日から起算して「2か月」を経過したときは、することができない（法32条1項）。ただし、正当な事由によりこの期間内に再審査請求をすることができなかったことを疎明したときは、この限りでない（同3項）。 ×

99 支給要件児童を監護する父又は母のうち児童手当の支給を受けることができる者は、支給要件児童と生計を同じくし、かつ、「日本国内に住所を有する者」である（法4条1項）。 ×

100 設問のとおり（法10条の2）。なお、子ども・子育て支援法による子ども・子育て支援給付は、子どものための現金給付、妊婦のための支援給付、子どものための教育・保育給付及び子育てのための施設等利用給付とされている（法8条）。 ○

■監修者紹介

小林　勇（こばやし・いさむ）

社会保険労務士（東京都社会保険労務士会所属）。山川社労士予備校講師。1970年、福岡県出身。慶應義塾大学経済学部卒業後、教育産業系企業に勤務。2012年、社会保険労務士試験に合格。同年、社会保険労務士事務所開業。企業研修・講演、年金業務を中心に活動中。

2013年より、山川社労士予備校の制作スタッフ。インプット講座やアウトプット問題集の解説講義のほか、答練等の制作業務を担当。「条文に忠実に」をモットーとした講義、制度の本質的な理解に切り込む設問と論理的で分かりやすい解説の制作で、受験生の信頼を得ている。

「月刊社労士受験」（労働調査会）、『社労士試験過去問題集』（あさ出版）、『年金アドバイザー３級対策講座』（山川社労士予備校）の執筆・解説講義ほか。

■著者紹介

山川靖樹の社労士予備校

2008年、本格的な社労士 WEBスクールとして「山川靖樹の社労士予備校」が開校。人気講師として活躍した山川靖樹の講座を無料配信したことが評判を呼び、初年度から年間2000名以上の会員を獲得する。2012年には、山川予備校初の市販書籍を出版。その後、シリーズを拡大し続け、アマゾン社労士部門トップ10を全て独占するという実績を持つ。開校１年目から合格者を輩出し続ける「山川流指導メソッド」は、今も多数の受験者に支持されている。

＜更新情報＞

訂正等については、下記のウェブサイトをご参照ください。
https://m-sharoushi.chosakai.ne.jp/

＜本書に関するお問い合わせ＞

本書の内容等に関するお問い合わせは、郵便またはFAXまたは電子メールにて、返送先を明記のうえ、下記宛にお願いします。

〒170-0004　東京都豊島区北大塚 2-4-5　労働調査会制作局
FAX：03-3915-9041　電子メール：info-sharoushi@chosakai.co.jp

※電話によるお問い合わせおよび著者宛のお問い合わせ、受験指導には対応していません。

月刊社労士受験別冊 勝つ！社労士受験 一般常識徹底攻略 2025年版

令和7年5月2日　初版発行

監　修　小林　　勇
著　者　山川靖樹の社労士予備校
発行人　藤澤　直明
発行所　労働調査会
〒170-0004　東京都豊島区北大塚2-4-5
TEL　03-3915-6401
FAX　03-3918-8618
https://www.chosakai.co.jp/

ISBN978-4-86788-060-9 C2032